内部控制与企业技术创新的多维异质性研究

A Multidimensional Heterogeneity Research on Internal Control & Enterprise Technology Innovation

郭 军◎著

·北 京·

图书在版编目（CIP）数据

内部控制与企业技术创新的多维异质性研究 / 郭军著. --北京：中国经济出版社，2020.12（2025.6 重印）
ISBN 978-7-5136-6340-3

Ⅰ. ①内… Ⅱ. ①郭… Ⅲ. ①企业内部管理-关系-企业管理-技术革新-研究-中国 Ⅳ. ①F272.3 ②F279.23

中国版本图书馆 CIP 数据核字（2020）第 180391 号

组稿编辑　崔姜薇
责任编辑　张　博
责任印制　马小宾
封面设计　任燕飞装帧设计工作室

出版发行　中国经济出版社
印 刷 者　三河市同力彩印有限公司
经 销 者　各地新华书店
开　　本　710mm×1000mm　1/16
印　　张　13
字　　数　230 千字
版　　次　2020 年 12 月第 1 版
印　　次　2025 年 6 月第 2 次
定　　价　68.00 元
广告经营许可证　京西工商广字第 8179 号

中国经济出版社　**网址** www.economyph.com　**社址** 北京市东城区安定门外大街 58 号　**邮编** 100011
本版图书如存在印装质量问题，请与本社销售中心联系调换（联系电话：010-57512564）

前 言

在我国经济转型时期及创新驱动发展战略背景下，制造业企业转型升级亟须进行技术创新。同时，内部控制作为企业内部重要的风险管控机制，内嵌于企业技术创新全过程，本书以多维视角——宏观层面信贷配置，中观层面供应链集中度，微观层面高管团队异质性，并考虑企业产权性质、生命周期、银企关联、机构投资者持股比例等差异，选取 2010—2018 年 A 股制造业上市公司进行大样本分析，通过理论分析与实证检验，探究多因素作用下内部控制对企业技术创新的影响机理及经济后果。

本书首先探究内部控制对企业技术创新的影响路径与作用机理，并深入挖掘内部控制五要素、内部控制缺陷修复对企业技术创新的影响差异；其次，通过分析宏观层面信贷配置扭曲下的信贷寻租、中观层面供应链集中度对企业技术创新的影响，剖析内部控制这一企业内部正式制度因素的调节作用，结合对企业异质性特征的考察，探究上述作用关系的情景依赖性；考虑高管团队异质性这一微观层面因素，探究高管团队异质性、内部控制对企业技术创新的影响机理。考虑到高管团队在企业内部控制着制度设立与执行，并在企业技术创新等系列活动中发挥主导作用，进而影响企业内部控制质量与技术创新，因此本书通过构建结构方程模型来研究这三者之间的相互作用关系；最后，本书探究了内部控制对企业技术创新影响的经济后果，主要研究内部控制、技术创新与企业价值的关系，对于企业价值主要从财务和资本两方面——财务绩效和短期市场反应来考量。

希望本书能够拓展内部控制和企业技术创新相关研究的深度和广度，在实践层面上为企业合理进行高管团队建设、加强供应链关系管理，明晰提高上市公司内部控制质量、促进技术创新、提升企业价值的着力点，为政府等相关部门优化信贷资源配置等提供经验。

由于时间仓促及著者水平所限，书中难免有疏漏之处，敬请读者谅解并提出宝贵意见。

郭　军

2020 年 5 月于河南大学商学院

目　录

第1章　绪论

1.1　研究背景…… 001

1.2　研究意义…… 004

1.2.1　理论意义…… 004

1.2.2　实践意义…… 005

1.3　相关概念界定…… 006

1.3.1　内部控制…… 006

1.3.2　企业技术创新…… 008

1.3.3　高管团队与高管团队异质性…… 010

1.3.4　信贷政策与信贷配置扭曲下的信贷寻租…… 012

1.3.5　供应链与供应链集中度…… 014

1.4　研究思路、研究内容和研究方法…… 019

1.4.1　研究思路…… 019

1.4.2　研究框架…… 022

1.4.3　研究内容…… 022

1.4.4　研究方法…… 026

1.5　研究创新点…… 028

第2章　理论基础与文献综述

2.1　理论基础…… 030

2.1.1　创新理论…… 030

2.1.2 委托代理理论…… 032
2.1.3 不完全契约理论…… 035
2.1.4 资源基础理论…… 036
2.1.5 信贷配给理论…… 038
2.1.6 高层梯队理论…… 041
2.2 文献综述…… 043
2.2.1 企业技术创新影响因素研究综述…… 043
2.2.2 内部控制对企业技术创新影响的研究综述…… 045
2.2.3 信贷寻租与企业技术创新相关研究综述…… 048
2.2.4 供应链集中度与企业技术创新相关研究综述…… 052
2.2.5 高管团队异质性与企业技术创新相关研究综述…… 054
2.2.6 企业技术创新经济后果相关研究综述…… 056

第3章 制度背景与理论分析

3.1 宏观层面：信贷政策的支持与信贷配置扭曲…… 060
3.2 中观层面：供应链集中度的形成…… 062
3.3 微观层面：高管团队异质性的发展…… 064

第4章 内部控制与企业技术创新

4.1 引言…… 067
4.2 理论分析与研究假设…… 069
4.2.1 内部控制对企业技术创新的影响…… 069
4.2.2 内部控制影响企业技术创新的路径分析…… 070
4.3 研究设计…… 073
4.3.1 样本选择与数据…… 073
4.3.2 变量选取…… 073
4.3.3 模型构建…… 075
4.4 实证结果…… 076
4.4.1 描述性统计与组间比较结果…… 076

4.4.2 内部控制对企业技术创新影响的回归结果…………………… 077
4.4.3 内部控制影响企业技术创新的路径检验结果………………… 079
4.4.4 稳健性检验……………………………………………………… 080
4.5 拓展性检验………………………………………………………… 081
4.5.1 内部控制五要素对企业技术创新影响的差异………………… 081
4.5.2 内部控制质量改善的影响效果………………………………… 083
4.6 本章小结…………………………………………………………… 084

第5章 信贷寻租、内部控制与企业技术创新

5.1 引言………………………………………………………………… 086
5.2 理论分析与研究假设……………………………………………… 087
5.2.1 信贷寻租对企业技术创新的影响……………………………… 087
5.2.2 内部控制对信贷寻租与企业技术创新之间关系的调节效应…… 089
5.3 研究设计…………………………………………………………… 089
5.3.1 样本选择与数据………………………………………………… 089
5.3.2 变量选取………………………………………………………… 090
5.3.3 模型构建………………………………………………………… 091
5.4 实证结果…………………………………………………………… 092
5.4.1 描述性统计与组间比较结果…………………………………… 092
5.4.2 信贷寻租对企业技术创新影响的回归结果…………………… 093
5.4.3 信贷寻租、内部控制对企业技术创新影响的回归结果…… 094
5.4.4 稳健性检验……………………………………………………… 095
5.5 拓展性检验………………………………………………………… 096
5.5.1 外部融资依赖度差异…………………………………………… 096
5.5.2 融资约束差异…………………………………………………… 097
5.5.3 银企关联差异…………………………………………………… 098
5.5.4 机构投资者持股比例差异……………………………………… 099
5.5.5 实证检验………………………………………………………… 101
5.6 本章小结…………………………………………………………… 104

第6章　供应链集中度、内部控制与企业技术创新

6.1　引言…………………………………………………………… 105
6.2　理论分析与研究假设…………………………………………… 107
6.2.1　供应链集中度对企业技术创新的影响………………………… 107
6.2.2　供应链集中度、内部控制对企业技术创新的影响…………… 108
6.3　研究设计………………………………………………………… 109
6.3.1　样本选择与数据……………………………………………… 109
6.3.2　变量选取……………………………………………………… 110
6.3.3　模型构建……………………………………………………… 111
6.4　实证结果………………………………………………………… 111
6.4.1　描述性统计与组间比较结果………………………………… 111
6.4.2　变量间相关性分析…………………………………………… 112
6.4.3　供应链集中度对企业技术创新影响的回归结果……………… 114
6.4.4　供应链集中度、内部控制对企业技术创新影响的回归结果…… 115
6.4.5　稳健性检验…………………………………………………… 117
6.5　拓展性检验……………………………………………………… 119
6.6　本章小结………………………………………………………… 121

第7章　高管团队异质性、内部控制与企业技术创新

7.1　引言…………………………………………………………… 123
7.2　理论分析与研究假设…………………………………………… 124
7.2.1　高管团队异质性对企业技术创新的影响……………………… 124
7.2.2　高管团队异质性对内部控制的影响…………………………… 126
7.2.3　内部控制对企业技术创新的影响……………………………… 128
7.3　研究设计………………………………………………………… 130
7.3.1　样本选择与数据来源………………………………………… 130
7.3.2　变量选取……………………………………………………… 130
7.3.3　模型构建……………………………………………………… 131

7.4 结构方程实证结果分析…………………………………………………… 134
7.4.1 描述性统计…………………………………………………………… 134
7.4.2 信度、效度与拟合优度检验……………………………………… 135
7.4.3 假设关系检验……………………………………………………… 137
7.4.4 稳健性检验…………………………………………………………… 139
7.5 本章小结……………………………………………………………………… 140

第8章 内部控制、技术创新与企业价值

8.1 引言…………………………………………………………………………… 142
8.2 理论分析与研究假设……………………………………………………… 144
8.2.1 技术创新与企业价值……………………………………………… 144
8.2.2 内部控制与企业价值……………………………………………… 145
8.2.3 内部控制对技术创新与企业价值之间关系的调节效应…… 146
8.3 研究设计……………………………………………………………………… 147
8.3.1 样本选择与数据…………………………………………………… 147
8.3.2 变量选取…………………………………………………………… 147
8.3.3 模型构建…………………………………………………………… 150
8.4 实证结果……………………………………………………………………… 150
8.4.1 描述性统计与组间比较结果…………………………………… 150
8.4.2 技术创新对企业价值影响的回归结果………………………… 151
8.4.3 内部控制对企业价值影响的回归结果………………………… 152
8.4.4 技术创新、内部控制对企业价值影响的回归结果………… 153
8.4.5 稳健性检验………………………………………………………… 155
8.5 拓展性检验…………………………………………………………………… 156
8.5.1 不同生命周期阶段企业技术创新对企业价值影响的差异 …… 156
8.5.2 不同技术创新程度企业内部控制调节作用的差异………… 158
8.6 本章小结……………………………………………………………………… 159

第9章 研究结论与展望

9.1 研究结论…… 161
9.2 政策建议…… 164
9.2.1 宏观层面优化信贷资源配置…… 164
9.2.2 中观层面加强供应链关系管理…… 165
9.2.3 微观层面优化高管团队及加强内部控制建设…… 167
9.3 研究局限…… 169
9.4 研究展望…… 171

参考文献 …… 172
重要术语索引表 …… 194

第1章 绪 论

1.1 研究背景

党的十九大报告指出“建设现代化经济体系，必须把发展经济的着力点放在实体经济上”。制造业作为实体经济的主体，是支撑经济高质量发展的重要力量，深入推进《中国制造 2025》国发〔2015〕28 号，实现制造业创新驱动发展，是推进供给侧结构性改革的重要引擎（胡高等，2015）。长期以来，技术创新能力低下、高端供给短缺是制约我国制造业发展的瓶颈（杨清香等，2017），企业技术创新是制造业企业可持续发展的关键。

企业技术创新存在正外部性、风险高、资金需求量大等特性，针对企业技术创新资金来源，尤其是小微企业技术创新存在融资难、融资贵的问题，国家引导金融机构减轻企业融资成本负担，要求重点加强对单户授信总额 1000 万元及以下小微企业贷款成本监测考核，合理控制小微企业贷款资产质量水平和贷款综合成本水平。并且对于科创类企业，支持银行机构探索设立科技金融专营事业部，支持在科技资源集聚区域设立科技企业金融服务专业分（支）行或特色分（支）行，要求各机构完善科技信贷管理机制，建立符合科技创新企业特征的信贷审批与风险控制体系，充分考虑企业技术优势、发明专利、研发投入等因素，更好满足科技创新企业融资需求，并要求完善联合授信机制，扩大联合授信企业范围，有效压缩对落后产能的相关贷款，腾出信贷空间满足实体经济技术创新融资需求。但在中国经济转轨时期，一定程度上也存在银行信贷资源大多流向国有企业、大型企业，而中小微企业、民营企业难以获得信贷资源的问题；信贷资源配置扭曲，引致部分企业为获得信贷资源而实施信贷寻租的行为亦时有发生。

同时，在供应链竞争时代，企业进行技术创新的视角已经延伸到供应链上下游，供应商和客户是企业进行技术创新的重要来源。王立荣等（2017）指出供应商所提供的创新思想占到企业总创新思想的7%。众多企业管理者认为供应商和客户是重要的创新来源，供应商拥有零部件的规格、制造工艺、成本信息、有创新价值的专业知识等，客户拥有市场需求、产品创意、有关制造商产品和服务的信息、技术知识及经验等资源。供应链集中度指的是供应商和客户数目的集中程度，是供应链的结构特征之一，反映了核心企业的供应商和客户所拥有资源的异质性程度。创新理论之父熊彼特认为，企业创新就是对各种不同的异质性资源进行重新组合的过程。供应商和客户的异质性可以弥补企业技术创新资源的不足，带来丰富的、新颖的、互补的异质性创新，为企业技术创新奠定基础和提供潜在驱动力。在学术界，已有研究表明供应商和客户的异质性会对企业创新活动产生影响。在企业界，以创新闻名于世的苹果公司，有效地利用了芯片供应商、电子类供应商、软件供应商等的异质性，并充分整合客户需求、客户偏好等异质性，激发企业创新意识。因此，企业在进行技术创新时，要充分考虑如何通过调整供应链集中度，把供应商和客户的异质性资源有效地运用到企业技术创新中。

此外，“大数据”“云计算”“互联网”“人工智能”等数字经济蓬勃发展，“物联网”“供应链金融”等正在重塑传统制造业，给企业的竞争战略、业务流程、劳动形态、文化建设等管理实践带来巨大冲击。为应对外部环境变化，企业更倾向于采用团队决策模式，而企业技术创新具有投入大、高风险性等特征，由此技术创新活动是企业基于成本收益权衡的决策，高管团队（董事会、监事会和CEO等）作为企业决策的核心，在企业技术创新过程中发挥关键作用。当下，高管团队成员日趋多样化，团队成员人口背景特征及认知观念、价值观等存在差异，形成高管团队异质性，高管团队异质性也会影响企业技术创新。同时，高管团队尤其是

CEO，在内部控制制度的设立及执行过程中发挥主导作用，其认知模式、价值观等势必会影响企业内部控制实施（方红星等，2011）。2017年美国全国反虚假财务报告委员会下属的发起人委员会（The Committee of Sponsoring Organizations of the National Commission of Fraudulent Financial Reporting，以下简称COSO）的《企业风险管理框架》将风险管理融入治理过程，企业内部控制建设，尤其是企业文化、业务流程等治理层面的内部控制建设显得尤为重要，且2010年我国财政部会同证监会、审计署、银监会（现为银保监会）、保监会（现为银保监会）制定并颁布的《企业内部控制应用指引》针对企业研发项目立项、研发人员配备、研发过程管理、研发成果转化等过程提出了专门控制措施，那么，高管团队异质性会怎样影响技术创新过程中内部控制制度的实施？新时代数字经济背景下，企业的生产模式、劳动形态、组织结构等会发生变化，内部控制制度面临动态变革，又会怎样作用于技术创新？

基于上述背景，本书以制造业企业为研究样本，探讨以下问题：宏观层面信贷配置扭曲下的信贷寻租如何影响企业技术创新，是存在简单的线性关系还是非线性关系？在具有复杂“关系社会”的中国，中观层面的供应链集中度与企业技术创新之间存在何种关系？微观层面，高管团队异质性对企业技术创新有何影响？同时，企业技术创新过程是内部控制制度实施运行的过程，内部控制制度的设计与执行势必会影响企业技术创新，但相关研究较为零散，更多学者选择从某一角度进行研究，缺乏系统性研究。

综合以上分析，本书基于内部控制内嵌于企业技术创新过程，且是宏观层面信贷配置扭曲下的信贷寻租、中观层面供应链集中度、微观层面高管团队异质性共同作用的现实，以内部控制为切入点，围绕“多维视角下内部控制对企业技术创新的影响机理与经济后果研究”这一问题，将微观企业高管团队异质性、中观供应链集中度、宏观信贷配置扭曲下的信贷寻租因素纳入一个分析框架，从多维视角进行剖析：第一，结合宏观层面的信贷政策支持实体经济创新发展的时代背景，探究信贷配置扭曲下的信贷寻租、内部控制对企业技术创新的影响机理；探究中观层面的供应链集中度、内部控制对企业技术创新的影响机理；挖掘微观层面高管团队异质性、内部控制对企业技术创新的影响机理；第二，从财务绩效与市场反应两个层面，剖析内部控制对企业技术创新影响的经济后果。对上述问题的系统探讨，在理论上丰富了企业技术创新相关研究，在实践上为新时代制造业企业明晰技术创新的着力点提供借鉴。

1.2 研究意义

1.2.1 理论意义

1. 有助于拓宽企业技术创新影响因素的研究视角

既有研究集中于公司组织特征、财务状况、政府政策、研发部门特征等单一因素对企业技术创新的影响，本书考虑上市公司技术创新活动实施中多因素共同作用的实际，基于内部控制内嵌于企业技术创新过程的现实，深入分析内部控制能够缓解信息不对称、抑制管理层自利、降低风险承担水平，进而影响企业技术创新的作用机理，并基于多维视角——宏观层面信贷配置扭曲下的信贷寻租、中观层面供应链集中度、微观层面高管团队异质性，探究信贷寻租、内部控制对企业技术创新的影响机理，供应链集中度、内部控制对企业技术创新的影响机理，高管团队异质性、内部控制对企业技术创新的影响机理。同时，进一步地探究内部控制对企业技术创新影响的经济后果，主要采用财务指标法和事件研究法，从财务表现和短期市场反应两个层面考察企业价值，剖析内部控制、技术创新与企业价值之间的关系。由此，本书针对性地选择了我国制造业企业为研究对象，进行理论分析与实证检验，不仅拓展了企业技术创新相关研究的深度，而且为企业技术创新的相关研究提供了来自新兴经济体国家的经验证据，有助于明晰企业技术创新中内部控制的作用机理，从动态角度丰富和发展企业技术创新相关研究。

2. 有助于丰富企业内部控制相关研究内容

本书基于内部控制内嵌于企业技术创新过程的现实，深入分析内部控制对企业技术创新的影响机理，并基于多维视角，结合宏观层面信贷配置扭曲下的信贷寻租、中观层面供应链集中度、微观层面高管团队异质性，研究不同因素与内部控制的交互作用对企业技术创新的影响机理。进一步地，考虑机构持股等资本市场因素，外部融资依赖度、融资约束等公司特征因素及市场化改革等制度背景，探究内部控制对企业技术创新影响的情景依赖性，丰富了内部控制相关研究。

3. 有助于拓展企业技术创新影响因素与经济后果研究的深度

已有关于企业技术创新影响因素的研究多从微观层面的企业控股股东性质、股权集中度、股权制衡度、融资约束、公司治理特征等方面及宏观层面的经济政策、产品市场竞争、制度环境、信息披露制度等方面展开，以内部控制为切入点的研究较少，考虑企业技术创新过程中多因素共同作用的现实，探究内部控制对企业技术创新的影响机理，本书则综合考虑宏观层面信贷配置扭曲下的信贷寻租、中观层面供应链集中度与微观层面高管团队异质性，探究不同视角下内部控制对企业技术创新的影响机理。本书进一步地从财务表现和资本市场反应两个层面度量企业价值，检验内部控制、技术创新对企业价值的影响，拓展了企业技术创新影响因素与经济后果相关研究的深度。

1.2.2 实践意义

制造业企业技术创新是支撑实体经济高质量发展的重要力量，本书分别选取宏观层面信贷配置扭曲下的信贷寻租、中观层面供应链集中度、微观层面高管团队异质性，探究不同视角下内部控制对企业技术创新的影响机理与经济后果，在实践层面将为相关政府部门优化信贷配置提供政策建议，为制造业企业优化高管团队成员结构，改善供应链中供应商及客户的关系提供帮助。同时，有助于聚集内部控制作用于企业技术创新的短板，明晰内部控制建设的着力点，构建基于技术创新流程的有效内部控制，促进企业技术创新。

1. 为政府部门优化信贷配置提供经验依据

在产业变革过程中，技术创新是制造业企业可持续发展的关键，为了促进企业进行技术创新，政府部门会采取政府补贴、税收优惠等财政激励方式，以助力企业技术创新。此外，信贷配置是缓解企业技术创新资金短缺的重要力量，本书通过中国转轨经济时期，信贷歧视等信贷配置扭曲下的信贷寻租，影响企业技术创新的作用机理检验，为政府部门遏制信贷寻租，建立政府和市场双轮驱动的有效信贷资源配置机制，以充分发挥信贷资金的杠杆作用，为制造业企业技术创新提供资金支持的实践提供经验证据。

2. 为企业加强供应链关系管理及优化高管团队成员构成提供理论支撑

本书探究多因素交互作用下内部控制对企业技术创新的作用机制及其经济后果，剖析了在中观层面供应链集中度、微观层面企业高管团队异质性作用下，内部控制对企业技术创新的影响机理，为企业从降低供应商集中度、客户集中度等方面加强供应链关系管理；从高管团队成员的年龄构成、学历构成等方面优化高管团队成员构成提供经验证据。同时，通过内部控制对企业技术创新影响经济后果的检验，为企业结合自身所处生命周期开展技术创新活动，结合自身技术创新程度加强内部控制建设以促进企业价值提升等实践提供理论支撑。

1.3 相关概念界定

1.3.1 内部控制

内部控制（Internal Control）的相关概念界定较多，但并不统一，且由于各国监管部门对内部控制监督范围的不同，内部控制的内涵存在差异。因此，本书在此对内部控制及其相关概念进行界定与区分，以便于后文阐述和理论分析。内部控制的第一个正式概念是1949年美国会计师协会的审计委员会在《内部控制，一种协调制度要素及其对管理当局和独立注册会计师的重要性》的报告中提出的，其对内部控制的定义为：内部控制包括组织机构的设计和企业内部采取的所有相互协调的方法和措施。这些方法和措施都用于保护企业的财产，检查会计信息的准确性，提高经营效率，推动企业执行既定的管理政策。此定义强调，内部控制不局限于与会计和财务部门直接有关的控制方面，还应包括预算控制、成本控制、财务控制、定期报告、统计分析、培训计划和内部审计以及属于其他领域的经营活动。之后内部控制的概念几经发展，1992 年 COSO 给出了到目前为止最被广泛接受的内部控制定义：内部控制是由企业董事会、经理阶层和其他员工实施的，为营运的效率效果、财务报告的真实性、对相关法令的遵循等目标达成提供合理保证的过程。该定义将内部控制分为五个要素：控制环境、风险评估、控制活动、信息与沟通、监督。2004 年，COSO 对内部控制的认识更加宽泛化，将内部控制扩展到风险管理领域，在其研究报告《企业风险管理——整合框架》（*Enterprise Risk Management-Integration Framework*）中将内部控制要素进一步扩展为内部环境、目标制定、事项识别、风险评估、风险反应、控制活动、信息与沟通、监控等 8 个要素。

中国对内部控制的系统性研究始于 20 世纪 80 年代末，早期我国并没有专门研究内部控制的专业组织，内部控制研究主要是由学术界和会计审计职业管理机构进行。国内对于内部控制的认识受国外影响较大，有关内部控制的概括和定义同美国具有较高同质性，原因可能在于我国内部控制研究的起步较晚及对于国外研究成果的引进。1997 年中国注册会计师协会在《独立审计具体准则第 9 号——内部控制与审计风险》中对内部控制的定义和内容作了规定，指出内部控制是被审计单位为了保证业务活动的有效进行，保护资产的安全和完整，防止、发现、纠正错误与舞弊，保证会计资料的真实、合法、完整而制定和实施的政策与程序。该定义以审计准则的形式给出，主要为审计工作服务，以查错纠弊为主要目的。2001 年以来，财政部先后发布了《内部会计控制规范基本规范（试行）》以及六项具体控制规范，指出内部会计控制是指单位为了提高会计信息质量，保护资产的安全、完整，确保有关法律法规和规章制度的贯彻执行等而制定和实施的一系列控制方法、措施和程序，这些规范以内部会计控制为主，同时兼顾与会计相关的控制。该定义在一定程度上克服了原有内部控制定义局限于审计的缺陷，对促进企业内部控制的建立和完善，改变企业内部控制乏力的状况，保证会计信息质量，起到了积极作用。2006年7月15日，我国企业内部控制标准委员会成立，极大地促进了我国内部控制理论的发展。在各方的共同努力下，2008年5月，财政部等五部委联合发布了《企业内部控制基本规范》财会〔2008〕7号，其对内部控制的定义为：内部控制是由企业董事会、监事会、经理层和全体员工实施的，旨在实现控制目标的过程。内部控制的目标是合理保证企业经营管理合法合规、资产安全、财务报告及相关信息真实完整，提高经营效率和效果，促进企业实现发展战略。该定义主要是源自COSO《内部控制——整合框架》和《企业风险管理——整合框架》报告中的定义。在此基础上，我国把内部控制目标归纳为合规性目标、资产安全目标、财务报告可靠性目标、经营性目标、战略目标五个，比COSO相关报告多了一个资产安全目标。同时，基本规范提出了企业建立与实施有效的内部控制应当包括的五大要素是内部环境、风险评估、控制活动、信户与沟通和内部监督，这与COSO相关报告基本一致。

1.3.2 企业技术创新

家熊彼特于1912年在其著作《经济发展理论》中首次提出“创新”的概念，自此以后，诸多学者纷纷从不同角度界定了企业技术创新。

1. 从系统性或过程性角度定义企业技术创新

熊彼特认为创新是发明创造的第一次商品化。目前，部分学者从系统性或过程性角度来定义企业技术创新，认为企业技术创新是企业实现创新价值的全过程，是指企业从感知市场需求—创造新概念—研究开发—商业化的整个过程。这一概念之后得到了进一步拓展性研究，如Chen等（2016）、朱霞和朱永跃（2012）认为企业技术创新是企业内外部环境与企业内在相关能力的有机作用的结果。Yam等（2004）则认为企业技术创新能力由企业的自主学习能力、资源配置能力、制造创新能力、营销能力、组织能力和战略计划能力等构成。傅家骥和施培公（1996）研究认为，企业技术创新本质上是一个不断利用已有知识创造新知识的过程，这种过程通过调动各项技术将新知识物化为生产技术系统，并组织员工利用该系统进行高效生产、创新产品从而实现市场价值。蒋秋荣（2013）认为企业技术创新是指以获得商业利益和竞争优势为目的而进行的研发、推出新产品或新工艺的一系列活动或过程，其核心内容是新产品和新工艺。

2. 从创新强度角度定义企业技术创新

由于创新强度的不同，企业技术创新有渐进性创新和突破性（破坏性）创新之分。Christensen（1997）通过对多个产业兴衰历程的研究，将破坏性创新定义为打破现有行业的平衡，促使新一代技术、产品、服务及其相应价值的系统实现过程。张洪石和卢显文（2005）认为企业渐进性创新是指通过对企业现有用户所关注的产品或服务进行分析，找出不足，并从性能方面进行改进；企业突破性创新则是指并未按照企业主流用户的需求而进行改进的创新，因此，这种创新可能暂时并不能够满足企业主流用户的需求。

3. 从创新开放程度角度定义企业技术创新

部分学者从创新的开放程度上，分别探讨了开放式创新和封闭式创新。如 Chesbrough（2003）认为开放式创新是指企业不仅依赖于自身的研发力量，而且还要从开放的市场中获得发明创造，对于本公司冗余的发明创造，可以采取措施让他人使用；与之相反，封闭式创新则是一种相对传统的创新模式，是指企业完全控制从新概念的产生、知识的创造、产品的开发再到市场的推广等整个过程。Caetano 和 Amaral（2011）认为开放式创新是以提高组织创新能力为目的的一种全新的组织创新方法，这些组织包括顾客、供应商、研究机构和教育机构，在创新过程中这一方法系统运用合作伙伴关系而非像经典的创新模型那样依赖于内部的研发机构。董洁林和李晶（2013）通过对朗讯、思科和华为的跨案例分析，发现创新模式的演化呈现以下两个规律：在创新开放程度方面，开放者与封闭者之间存在鸿沟；在创新的新颖度方面，存在从较高的新颖度向较低的新颖度自然移动的现象。仲伟俊（2013）主要研究了开放式创新的产学研合作模式，发现产学研合作的内容包括信息获取、技术创新、实验设备和仪器利用、合作人才培养等，且联合开发模式是产学研合作技术创新的主要模式，委托开发模式和咨询模式在创新中发挥了重要作用。

4. 对企业技术创新的其他界定

Guan 和 Ma（2003）将技术创新定义为一种专门的资产或资源，这种资产主要包括技术、产品、知识、工艺、组织和经验等。Ali 和 Park（2010）从技术演化角度研究发现，发展中国家的本土化技术创新主要由四个阶段构成：技术创新、3I（Imitation，Improvement，Innovation，即模仿、改善和创新）技术创新战略、自适应性技术创新战略和本土化技术创新战略。齐庆祝和李莹（2013）将技术创新分为研发、科技成果转化和工业化大生产三个阶段，分别研究了不同阶段技术创新的风险、收益和投入的特征及其相互关系。

通过上述相关文献梳理可以看出，目前从创新过程角度定义企业技术创新的研究成果已达成了较为一致的看法，并且大多将企业技术创新视同企业技术创新能力。本书主要从技术创新价值实现过程的角度来度量企业技术创新，将企业技术创新看作研究开发新产品、新工艺的全过程，即企业通过对技术创新投入、创造出相应的新产品、再到创新价值实现的全过程。

1.3.3 高管团队与高管团队异质性

1. 高管团队

高管团队主要是在组织管理活动过程中承担统筹协调和管理各种资源职责的团体的统称，他们在企业战略决策的制定和执行过程中拥有较高的权力。Hambrick 和 Mason（1984）创新地提出了高阶理论（Upper Echelons Theory），认为高管团队成员应该包括全部管理层级的人员；Murray 等学者则将其界定为最高行政官、总经理、正副总裁、财务代表人及与其等级相近的管理者；Finkelstein 和 Hambrick（1990）仅将董事会、监事会及高级管理者视为高管团队。我国学者杨林（2013）则在查阅了《公司法》的有关章程后，在现有研究的基础上对高管团队的概念给出了新的解释，在他看来，高管团队应当涵盖那些掌控公司重要资源，代表公司处理重大的内外部事务，并能影响公司战略决策的实施和执行，具有一定权威性和领导力的管理人员；这类人员有公司的最高执行官、总经理、副总经理、董事会秘书和其余在年终报告披露的管理人员。本书将参照 Hambrick 和 Mason（1984）的观点来定义高管团队：所有层级在副总经理之上的管理人员组成的团体，包含了董事会成员、监事会成员、总经理、副总经理、财务主管、战略策划师等对公司发展起重要作用的管理人员。

2. 高管团队异质性

高管团队异质性侧重于探究组织中管理层团队在年龄、学历等显性特征及经验、心理素质、洞察力等隐性特征所呈现出的差异性分布（曾芳，2014）。企业在聘用和选拔相关管理人员时，会在能力考核的基础上，依据各部门需要，调整高管特征的分布情况，这些特征的分布差异通常表现在不同维度上。

高管团队特征的差异性一定程度上是成员之间筹划能力、管理能力、运营能力及应变能力的体现（王燕妮等，2013）。高管团队异质性主要包括团队成员的性别、年龄、教育背景等人口统计学特征方面的差异以及成员的认知基础、价值观、阅历经验等社会心理方面的差异（马富萍等，2010）。按照成员特征与职业的关联程度划分，若高层管理者特征与工作关联紧密，则呈现出与工作相关的异质性，如职业经历、工作经验等；反之，若高层管理者特征与工作相关度较弱，则呈现出与工作无关的异质性，如种族和性别等（Amason，2006）。谢敏明（2012）将高管团队成员的年龄、文化程度和职场经历三个维度的特征作为高管团队异质性的衡量指标。而陈忠卫等（2009）认为任期也能反映高管团队在组织中决策行为的偏好程度，影响企业经济效益，因而将任职时间作为高管团队异质性的另一衡量指标。此外，根据“高阶理论”，年龄差异会引致管理团队成员风险意识、行事风格、决策理念等方面的不同。就年龄特征而言，年轻管理者经历的挫折较少，他们比年长管理者的思想更加解放，追求目标的勇气更足，胆量更大，风险担当意识也更强。因此，年轻管理者的决策理念较为超前，对决策时效性的关注大于决策过程的规范性，决策的风险也相对较大，这已被 Hambrick 和 Mason（1984）、Wiersema 和 Bantel（1992）的研究所证实，由此，年龄异质性亦成为考量高管团队异质性的一个重要方面。

1.3.4 信贷政策与信贷配置扭曲下的信贷寻租

现有学术研究将信贷政策分为狭义和广义两种概念。狭义的信贷政策认为信贷政策的制定、实施主体都是金融机构，金融机构为实现信贷决策而设立的一系列规范程序统称为信贷政策。可见，狭义的信贷政策是指在国家产业政策指导下，各金融机构对处理信贷问题所作的规定，与国家层面的信贷政策有所差异，从制定与实施主体的角度看，这一观点完全将信贷政策与国家层面的货币政策区分开来。广义的信贷政策则认为，中央银行是制定信贷政策的主体，作为政府的银行，应该注重产业政策的变动，指导金融机构在信贷市场投放信贷，促进经济结构优化，信贷政策体现的是国家经济政策对信贷资金投向的引导（周胜强，2013）。根据《中国金融百科全书》中的定义，可知信贷政策是银行分配信贷资金、组织管理信贷活动的依据，是国家某一时期的经济政策在信贷资金供应方面的具体体现，是中央银行货币政策的重要组成部分，并且由于社会制度不同以及各个时期货币政策目标不同，各国及一个国家的不同时期信贷政策的内容也各有不同。作为信贷政策的制定主体，我国中央银行对信贷政策的定义更为明确，定义指出信贷政策是宏观经济政策的重要组成部分，是中国人民银行根据国家宏观调控和产业政策要求，对金融机构信贷总量和投向实施引导、调控和监督，促使信贷投向不断优化，实现信贷资金优化配置并促进经济结构调整的重要手段，制定和实施信贷政策是中国人民银行的重要职能，这是一种广义的信贷政策观点，在广义的观点中，既将其与货币政策内涵相区别，又概述了两者之间的联系，认为制定与实施信贷政策的主体是政府金融调控部门。

信贷政策一直以来都在我国经济调控中发挥着重要作用。在改革开放之初，中国当时最主要的货币政策之一就是信贷政策，在信贷资金管理上实行“统存统贷”的传统体制，在国家高度控制资金的情况下利率不会对实体经济产生影响，因而信贷政策虽然是存在的，但是并未有效地发挥自身的作用。从改革开放至今，我国经济体制在不断地进行改革，金融体系在不断地完善，信贷政策的运用更为灵活，也出现了更多的信贷政策工具。信贷政策是实现信贷优化配置、促进经济结构调整、解决企业债务融资的必要手段之一。信贷政策是我国金融体系中主要的政策工具，与国际上通常将银行信贷作为一种货币政策渠道相比，主要是因为在我国目前的金融体系中国有股份制商业银行还是处于主导地位，这些银行都是国家控股，其资金投放总是响应国家相关政策要求，与这一阶段政府的货币政策一致，同时发挥着作用。

传统的利率传导机制是以完善的金融市场为前提的，然而，我国银行目前在金融体系中具有重要地位，原因主要是信用市场存在严重的信息不对称问题，现实中的市场机制还不完善。由此，产生不完善的市场货币政策传导渠道——银行贷款渠道和资产负债表渠道（Bernanke B. S.，1995），而银行信贷渠道的存在是信贷政策有效性以及信贷政策分析的基础。

银行信贷渠道主要强调货币政策对银行信贷资金的影响能力。当央行的货币政策宽松时，货币供应量上升或者银行存款准备金减少，银行的可支配资金增加，放贷能力增强，贷款资金增加，企业和个人更加容易获得贷款。银行信贷渠道的主要观点是：在银行体系健全的国家，商业银行、各类金融机构较为发达，融资能力较强，能及时地为中小企业及个人提供资金来源。其在解决信贷市场的信息不对称方面具有优势，因此在金融体系中具有重要作用。Boivin（2010）表示“信贷渠道”和“利率渠道”为货币政策的两类传导渠道。在我国，货币政策主要是通过信贷渠道影响企业行为（盛朝晖，2006）。然而，货币政策与信贷政策其实并不完全一致，信贷政策有其自身的特点和独立性（唐双宁，1998），货币体系可以完全同任何信用工具分离开来，并随着时间地点的不同而产生差异。货币政策侧重于调节货币供应量等，解决总量问题，而信贷政策侧重于引导信贷投向等，解决结构问题（宋海林，1997）。货币政策调节信贷结构的作用只是派生的、辅助性的，而信贷政策既可以使用差别利率，也可以使用其他类型的政策工具来影响银行的信贷决策（周胜强，2013）。信贷政策作为我国宏观经济政策，在信贷市场上发挥着举足轻重的作用。根据中国人民银行对信贷政策的界定，信贷政策根据实施手段、调控范围等差异，可划分为信贷总量调控和信贷结构优化两个方面。

信贷资金配置是金融资源配置的主要方式，如此庞大的信贷资金，其配置方式及其途径自然引起我们关注。目前，我国主要通过市场机制实现信贷资金的优化配置。通过遵循资金运动规律和价值规律，将资金投向营运能力高、收益高的部门和行业之中，从而实现市场机制引导下的信贷资金合理流动，增强对信贷资金存量的优化与配置。另外，银行与金融机构也应面向市场进行运营，规避计划经济的弊端，自主经营、自负盈亏，从而实现资金配给的供求平衡。

目前，我国信贷配置主要通过以下途径来实现：一是在完备的资本市场中，利用资金运动来实现信贷资金的商品化，这是实现合理信贷资金配置的主要方式；二是实现利率的市场化，即银行通过改善经营目标，面向企业、面向市场从而实现经营战略的转移，这是合理配置信贷资金的另一主要途径。但当前中国经济转轨时期，信贷资源较为稀缺，存在信贷资金配置不均衡现象，信贷资源倾向于投向国有企业、大型企业，民营企业、中小微企业较难获得信贷资源，由此滋生了向银行信贷人员送礼、拉关系等信贷资源配置扭曲下的信贷寻租现象，严重挤占企业资源，影响企业健康运营。

1.3.5 供应链与供应链集中度

1. 供应链

早在20世纪80年代，美国学者 Michael Porter（1985）在《竞争优势》一书中对价值链的相关阐述就包含了对供应链的思考，将内部物流、生产作业、外部物流等战略性活动从企业运营中分解出来。辅助活动包括采购管理、技术开发、人力资源管理、基础设施管理，并认为价值链可以将单个企业的价值活动串联成整体。1992年，Shank 和 Govindarajan 拓宽了价值链的范围，认为任何企业都不应该只专注于内部，把自身融入整个行业的价值链中去审视才是正确的选择，这一价值链应是“包括从原材料到加工成最终产品的全过程”。同时也应该做到知己知彼，也就是对处于价值链相近位置的竞争者详细地进行战略分析，并制定出合理的战略用以保持和增强企业的竞争优势。1996 年 James Womack 和 Daniel Jones 在《精益思想》一书中提出了价值流的概念，指出价值流是将原材料转变为被赋予了价值的成品的全部活动，不仅仅是原材料从供应商处被购买至企业并被企业加工为成品后交付给客户的全过程，也包括信息沟通所产生的信息流，这些信息沟通包括企业内以及企业与供应商、客户之间的信息沟通，由此进一步拓宽了价值链的概念。1996 年，Reiter 在上述价值链和价值流思想的基础上，开创性地提出了供应链，即供应链是一个实体的网络，通过这个网络可以为产品和服务适配最适合的顾客市场。

随着时代的进步和商业模式的变化，专家学者对供应链的研究也在不断地深入，供应链的定义也在随之不断地更新和完善。许多专家和学者都给出了基于不同背景的供应链定义，本书基于供应链发展的历程，大致将供应链概念的变化分为以下三个发展阶段：内部整合的供应链、外部整合的线性供应链和外部整合的网状供应链。

（1）内部整合的供应链

最初的供应链概念认为供应链仅仅是企业内部的一个过程，它包括将采购得来的原材料和零部件通过加工为成品的方式或销售等活动来传递到客户手中。通过供应链，企业由各职能部门独立运作转变为企业内部各部门信息共享、协作沟通。此时的供应链是为了优化企业内部的业务流程，提高经营效率，降低物流成本，解决因适应企业内部变化而产生的企业内部采购、库存、生产和分销等诸部门的职能协调问题，被视为企业内部的一个物流过程。上述的供应链概念被称为内部整合的供应链，这个阶段的供应链仅局限于企业的内部和企业自身资源整合。在当时由于认识上的局限性，供应链只被认为是物流企业的一种运作模式。内部整合阶段的供应链虽自身有所局限，且在结构上也并不丰富，但从根本上来看，此时供应链已经成功渗透企业内部的生产经营模式，在企业的实践领域掀起了整合、协作的思想浪潮，并大有取代独立运作之势。我们不可否认内部整合的供应链仍存在诸多局限，但它也是供应链之后能发展为联合上游供应商和下游分销商的格局的重要基石。

（2）外部整合的线性供应链

20 世纪 90 年代以来，随着供应链应用的不断发展，人们对供应链有了新的理解。首先，随着市场需求和商业竞争程度的变化，企业与自身上下游企业协同发展已成必然。人们对供应链的思想从最初的企业内部的协作联合逐渐导向不同企业之间，供应商、分销商甚至是终端用户的合作之中。美国的史蒂文斯（Stevens）认为："通过增值过程和分销渠道控制从供应商到用户的流就是供应链，它开始于供应的源点，结束于消费的终点。"史蒂文斯对于供应链的描述向我们揭示了什么是供应链的起点和终点以及如何界定所涵盖的参与者的范围。蓝伯雄教授指出：所谓供应链，就是原材料供应商、零部件供应商、生产商、分销商、零售商、运输商等一系列企业组成的价值增值链。原材料、零部件在最终交到用户手中之前都需要供应链中的各个企业依次将其加工成产品，这一系列的活动就构成了一个完整的供应链活动。蓝伯雄教授对于供应链的描述更有深度，不仅解读了什么是供应链的参与者、参与者会发生的活动，还从更深的角度出发，认为供应链是为满足用户需求的一系列企业组成的价值增值链。

美国的苏尼尔·乔普拉（Sunil Chopra）和彼得·迈因德尔（Peter Meindl）认为，供应链中的企业要能够直接或间接地满足顾客需求，这里的企业不只是指供应商和制造商，还包括运输商、仓储商、零售商，甚至顾客本身。最典型的例子就是制造企业，在供应链中它应该包含接受并满足顾客需求的所有功能。例如新产品开发、市场营销、生产运作、分销、财务和客户服务都只是它所拥有的功能的一部分。苏尼尔和彼得向我们揭示了什么是供应链的参与者及参与者的活动，最为关键的是他们发现了供应链中顾客地位的转变，顾客不再只是供应链终端、产品和服务的接受者、需求的源头，最大的转变是可以及时向上游反馈信息，甚至直接参与供应链绩效评估。在外部整合阶段的供应链中，它所涵盖的范围不再局限于单个企业，供应商、制造商、分销商以及最终客户都达成了合作关系，并最大限度共享彼此的资源以取得高效率的协同运作，最终满足顾客的需求，实现该供应链最大的效益。随着供应链研究的不断深入以及人们对其理解的不断丰富，供应链概念的范围不再局限于从前的标准，它从企业内部、独立企业、单个顾客延伸到企业外部、多级供应商、最终的消费者；供应链的结构则从“单链”扩展到“网链”。

（3）外部整合的网状供应链

当下，企业意识到了由信息技术快速发展和产业不确定性的增加所带来的挑战，各企业间都纷纷谋求网络化的合作格局，供应链相关研究也就把围绕核心企业建立战略联盟的网链关系作为其重点，非线性的“网链”结构逐渐走进了人们对于供应链的认知范围。事实上，网状供应链才能更加形象地反映出当今供应链交叉纵横、合作与竞争同时存在的格局。哈理森（Harrison，1999）对于供应链的界定是执行采购原材料，将它们转换为中间产品和成品，并且将成品销售到用户的功能网链。国家标准《物流术语》（GB/T 18354-2006）将其定义为，生产与流通过程中所涉及的将产品或服务提供给最终用户的上游与下游企业所形成的网链结构。从不断深入的供应链研究中可以看出，任一供应链上的企业可以在其他多条供应链中并存，供应链的结构形态是复杂交错的网状结构。马士华在《新编供应链管理》中指出，供应链是围绕核心企业，通过对工作流（Work Flow）、信息流（Information Flow）、物料流（Physical Flow）、资金流（Funds Flow）的协调与控制，从采购原材料开始，制成中间产品及最终产品，最后由销售网络把产品送到消费者手中的将供应商、制造商、分销商、零售商，直至最终用户连成一个整体的功能网链结构。马士华教授对供应链定义的侧重点是围绕核心企业建立战略联盟关系，这个联盟主要包括，核心企业上游的所有一级供应商甚至是二级供应商，下游的分销商直至客户所形成的网状供应链。福特、阿迪达斯、本田、三星这些世界知名企业取得的巨大成功都与从网链的角度理解和实施企业决策有着重大联系。最为关键的是，企业积极配合整体的运作，围绕着核心企业形成战略联盟，努力快速响应市场需求，实现效益的最大化都不会因它在供应链中所处的位置而改变。

2. 供应链集中度

供应链集中度是供应链结构的特征之一，供应链集中度主要指供应商和客户数目的集中程度，反映了核心企业的供应商和客户所拥有资源的异质性程度。供应商拥有的资源主要有：零部件的规格、制造工艺、成本信息、有创新价值的专业知识等。客户所拥有的资源主要包括：市场需求、产品创意、有关制造商产品和服务的信息、技术知识及经验等资源。Beckman和Haunschild（2002）认为网络结构可以反映网络中合作伙伴异质性资源的丰富程度，Cuervo-Cazurra 和 Annique（2010）指出，主要供应商和客户的集中情况可以反映它们所拥有知识资源的丰富程度。张红等（2014）、庄伯超（2015）认为供应链集中度包含了两个维度——供应商集中度和客户集中度。参照现有供应链集中度的概念，我们认为供应链集中度包括供应商集中度和客户集中度，其中，供应商集中度越高，供应商的数量越集中，客户集中度也是如此。供应商集中度反映了供应商资源的异质性程度；客户集中度反映了客户资源的多样性程度。

根据熊彼特的观点，企业创新就是把各种不同的异质性资源进行重新组合。供应商和客户的异质性资源可以弥补企业内部创新资源不足，带来丰富的、新颖性的、互补性的异质性资源，为企业创新奠定基础和提供潜在驱动力。实际上，客户和企业之间并非总是平等合作的关系。当客户集中度较高时，客户的议价能力较企业更强，由此或许会引发各种盘剥与侵占的行为，从而使企业风险增加并对其融资产生不利影响，给企业技术创新增添障碍。总而言之，大客户或者企业的客户集中度越高，企业自身的流动性约束越大，而持续不断地投入资金又恰好为技术创新所需，因此，融资约束会因客户集中度增大进而给技术创新带来负面影响。

1.4 研究思路、研究内容和研究方法

1.4.1 研究思路

本书基于我国经济转型时期，实体经济高质量发展背景下制造业企业亟须进行技术创新的现实，从宏观层面信贷配置扭曲下的信贷寻租、中观层面供应链集中度、微观层面高管团队异质性的多维角度，探究多因素共同作用下内部控制对企业技术创新的影响机理及其经济后果，具体包括：第一，信贷寻租、内部控制对企业技术创新的影响机理，供应链集中度、内部控制对企业技术创新的影响机理，高管团队异质性、内部控制对企业技术创新的影响机理。其中，在分析宏观层面信贷配置扭曲下的信贷寻租、中观层面供应链集中度影响企业技术创新过程中，着重剖析内部控制这一企业内部正式制度因素的调节作用。而对于高管团队异质性这一微观层面因素，则考虑到高管团队在企业内部控制制度设立与执行、企业技术创新等系列活动中发挥主导作用，势必会影响企业内部控制质量与技术创新，通过构建结构方程模型，探究高管团队异质性、内部控制对企业技术创新的影响路径与程度。第二，内部控制对企业技术创新影响的经济后果，即内部控制、技术创新与企业价值的关系，其中，企业价值主要从财务绩效和市场反应来考量。图 1-1 为本书的理论模型。

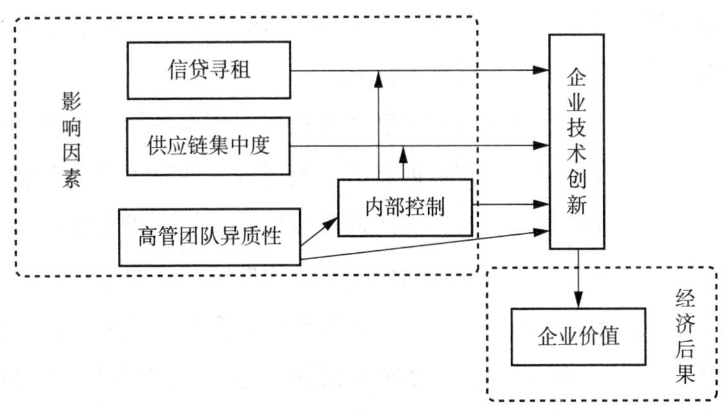

图 1-1 本书的理论模型

随着现代信息技术的发展，企业运营模式发生变革，引致内部控制制度变革，且内部控制作为一种正式制度内嵌于企业技术创新过程，内部控制质量势必会影响企业技术创新，由此，本书以内部控制为基点，在探究内部控制对企业技术创新影响机理的基础上，基于多维视角选取影响企业技术创新的因素，研究多因素作用下内部控制对企业技术创新的影响机理与经济后果。

第一，本书回顾了相关理论基础，如创新理论、委托代理理论、不完全契约理论、资源基础理论、信贷配给理论和高层梯队理论。接下来对企业技术创新影响因素、内部控制对企业技术创新的影响、信贷寻租与企业技术创新、供应链集中度与企业技术创新、高管团队异质性与企业技术创新、企业技术创新的经济后果等相关研究进行了文献综述。

第二，结合我国经济转型时期的制度背景，本书分析多维视角下宏观层面信贷配置扭曲下的信贷寻租、中观层面供应链集中度、微观层面高管团队异质性的现实背景，旨在为剖析多种因素共同作用下，内部控制对企业技术创新的影响提供现实基础。其中，针对宏观层面信贷配置扭曲下的信贷寻租，着重剖析了现代信贷政策新规对于实体企业技术创新的金融支持，同时也分析了信贷歧视等信贷扭曲怪象导致的企业信贷寻租，探究信贷寻租对于企业技术创新的影响；中观层面基于供应链集中度的形成，从供应链中供应商、客户对于创新资源的影响角度，剖析供应链集中度对于企业技术创新的影响；微观层面从高管团队异质性的形成，高管团队异质性引致的认知差异、风险承担差异等角度进行分析，引出高管团队异质性对企业内部控制及技术创新活动的影响。

第三，多种因素作用下内部控制对企业技术创新的影响机理。本部分首先研究了内部控制对企业技术创新的影响机理，探究了内部控制缓解企业信息不对称、抑制管理层自利、降低企业风险承担，进而影响企业技术创新的作用机制。继而从宏观层面信贷配置扭曲下的信贷寻租、中观层面供应链集中度、微观层面企业高管团队异质性的多维视角展开，剖析多种因素作用下，内部控制对企业技术创新的影响路径与作用机制。包括三部分实证检验：一是信贷寻租、内部控制与企业技术创新；二是供应链集中度、内部控制与企业技术创新；三是高管团队异质性、内部控制与企业技术创新。其中，考虑在宏观层面信贷配置扭曲下的信贷寻租及中观层面供应链集中度的情况下，内部控制对企业技术创新的影响，着重剖析宏观政策与中观市场对于企业技术创新的影响，以及内部控制作为企业技术创新的内部制度环境是否发挥了调节作用，主要分析内部控制对企业技术创新影响的情景依赖性；微观层面高管团队异质性、内部控制对企业技术创新的影响，以行为经济学和心理学理论为基础，运用社会认同理论、过度自信理论等，考察高管团队异质性下的决策行为，对于企业技术创新活动，以及基于技术创新流程的内部控制制度设立与执行的影响，采用结构方程模型检验三者之间的相互作用及影响程度，原因在于考虑了高管团队在企业内部控制制度实施、技术创新活动中发挥重要作用的影响。

第四，内部控制对企业技术创新影响的经济后果检验。在剖析多种因素作用下内部控制对企业技术创新影响的基础上，着重从财务表现和市场反应两个层面分析企业价值，探究内部控制、技术创新与企业价值之间的关系，挖掘内部控制对企业技术创新影响的经济后果。

第五，总结研究结果，并提出政策建议：一是宏观信贷配置方面，提出增强信贷资金支持，降低信贷歧视，抑制信贷寻租等，以缓解企业技术创新资金约束；二是中观市场层面，重视供应链关系管理，权衡成本与收益，保持一个合适的供应链集中度；三是微观层面上市公司采取措施，合理配置高管团队成员，增强高管团队对内部控制制度设立与执行的积极影响，并总结了研究的局限性和未来研究的方向。希望实现以下目标：

（1）深入挖掘内部控制对企业技术创新的影响机理。结合新时代企业组织形态、生产模式变革等现实，解析新时代数字经济背景下，企业的运营模式、劳动形态、组织结构等随之发生变化后，企业内部控制会怎样作用于企业技术创新活动这一问题。将企业技术创新活动依据技术创新流程，划分企业技术创新投入和产出，分析内部控制在技术创新各个阶段发挥作用的方式，探讨内部控制对技术创新三个维度——创新投入、创新产出和技术创新效率的作用大小及其差异。

（2）多角度探究多因素作用下内部控制对企业技术创新的影响机理。从多角度考虑宏观层面信贷配置扭曲下的信贷寻租、中观层面供应链集中度、微观层面高管团队异质性，将其与内部控制纳入一个分析框架，探究多因素作用下内部控制对企业技术创新的影响路径与作用机制，以避免单因素分析引致的片面性，更接近于企业技术创新过程中多因素共同作用的现实，更深层次揭示多因素作用下内部控制对企业技术创新的影响机理。

（3）挖掘内部控制对企业技术创新影响的经济后果。从财务表现与市场反应两个层面考量企业价值，基于委托代理理论与信息不对称理论，探究内部控制、技术创新与企业价值之间的关系。

希望通过本书，拓展内部控制和企业技术创新相关研究的深度和广度，以便进一步认识内部控制这一“黑箱”，增强上市公司内部控制有效性、提升技术创新能力、促进企业价值提升；并在实践层面为企业合理进行高管团队建设、加强供应链关系管理、增强内部控制制度的贯彻落实、政府等相关部门优化信贷资源配置等提供监管启示。

1.4.2 研究框架

本书的研究框架，如图 1-2 所示。

1.4.3 研究内容

本书基于内部控制内嵌于企业技术创新过程，是企业技术创新实施的内部制度环境，在技术创新过程中发挥关键性作用，且企业技术创新过程是外部宏观信贷配置扭曲下的信贷寻租、中观供应链集中度及微观高管团队异质性多因素共同作用的现实，多角度探究内部控制对企业技术创新的影响机理。进一步地，探究内部控制对企业技术创新影响的经济后果。全书共分 9 章。

第 1 章是绪论。深入分析了本书的研究背景，并提出研究问题，概括了研究意义，并对研究中的相关核心概念进行了界定，接着对研究思路、研究内容、研究方法进行了介绍，并勾勒了本书的研究框架，最后是对创新点的总结。

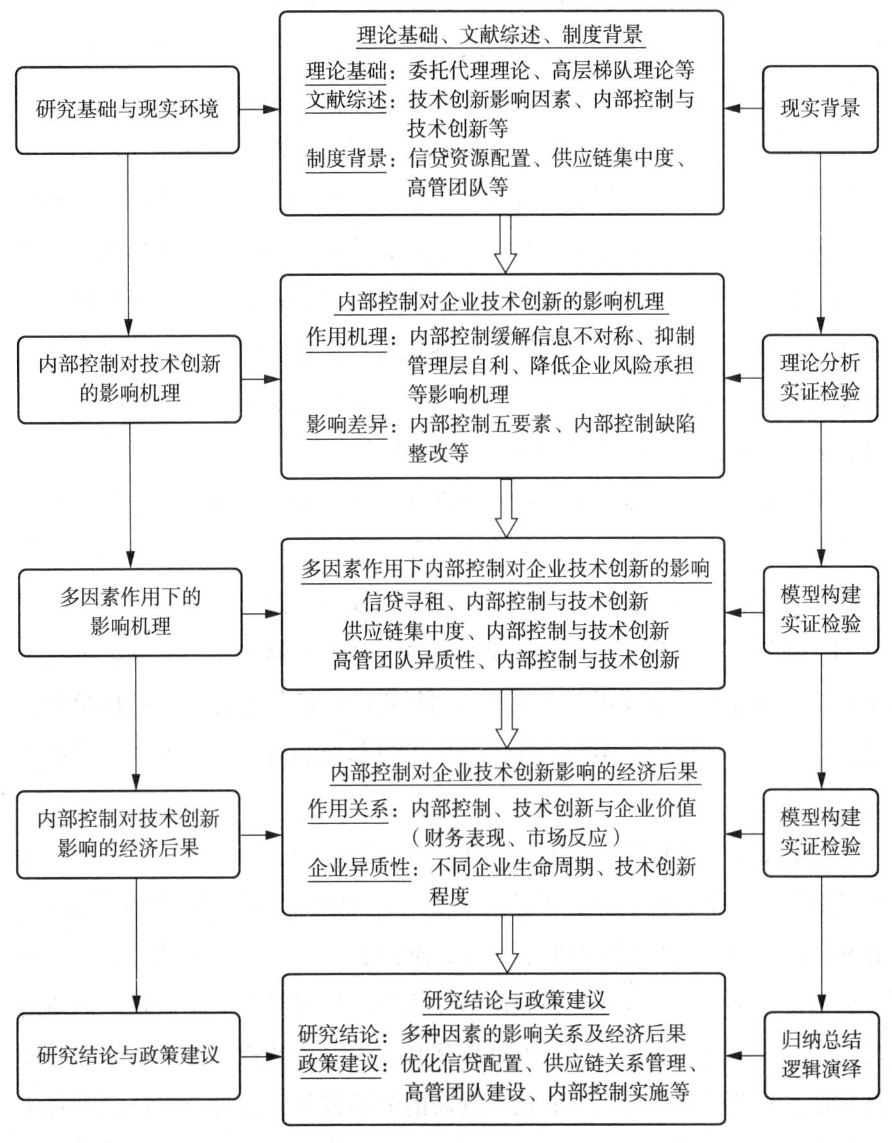

图 1-2　本书的研究框架

第 2 章是研究的理论基础与相关文献综述。本章简述了本书涉及的理论基础，主要包括创新理论、委托代理理论、不完全契约理论、资源基础理论、信贷配给理论及高层梯队理论；并采用文献研究法对相关的现有文献进行了综述，回顾和评述了企业技术创新的影响因素，内部控制对企业技术创新影响研究，信贷寻租、供应链集中度、高管团队异质性对企业技术创新影响的相关研究，企业技术创新经济后果相关文献。

第 3 章是制度背景与理论分析。本章主要分析我国经济转型时期，实体经济高质量发展下企业技术创新的现实背景。主要从宏观层面剖析我国信贷政策的信贷资源配置，旨在缓解企业融资困境，促进实体经济技术创新，同时分析信贷配置扭曲下信贷寻租对企业技术创新产生的影响；中观市场层面从供应商集中度和客户集中度角度，分析供应商和客户所拥有资源的异质性对企业技术创新的影响；微观层面通过考察高管团队呈多样化的发展趋势，团队成员间的人口背景特征及认知观念、价值观等存在的差异，分析高管团队异质性对企业技术创新的影响。

第 4 章是内部控制对企业技术创新的影响机理。本章基于企业技术创新流程，从现代企业委托代理关系和信息不对称角度，深入分析内部控制对企业技术创新的影响机理，包括内部控制缓解信息不对称、抑制管理层自利、降低企业风险承担水平进而影响企业技术创新的作用机理，进一步实证检验内部控制五要素对企业技术创新影响程度的差异和内部控制质量改善对企业技术创新的影响，深入剖析了内部控制对企业技术创新的影响机理。

第 5 章是实证检验信贷配置扭曲下的信贷寻租、内部控制对企业技术创新的影响。本章首先分析了信贷寻租与企业技术创新之间的作用关系，并构建回归模型进行实证检验。其次，通过在模型中引入内部控制与信贷寻租的交互项，检验在内部控制调节作用下，信贷寻租对企业技术创新的影响。进一步地，考虑企业外部融资依赖度、融资约束、银企关联等异质性特征，检验信贷寻租对企业技术创新的影响差异；并检验机构持股对于内部控制调节作用的塑造效应，即不同机构持股比例企业中，内部控制对信贷寻租与企业技术创新之间关系调节作用的差异。

第 6 章是实证检验供应链集中度、内部控制对企业技术创新的影响。本章考虑企业供应链关系管理特征，从供应商集中度和客户集中度两个层面考察企业供应链集中度，理论分析与实证检验供应链集中度对企业技术创新的影响，并引入内部控制因素，检验内部控制对于供应链集中度与企业技术创新之间关系的调节效应。进一步，结合外部市场化改革的制度背景，探究我国市场化进程不均衡情境下，内部控制对于供应链集中度与企业技术创新之间关系调节作用的差异。

第7章是高管团队异质性、内部控制对企业技术创新影响的理论分析与实证检验。一是根据高层梯队理论、不完全契约理论，剖析高管团队异质性下的决策行为对于企业风险控制、预算控制等内部控制制度设立与执行过程产生的影响，探究高管团队异质性对企业内部控制的影响路径；二是以高层梯队理论中的认知学理论为主线，从认知学视角，分析高管团队异质性形成的认知决策模式在处理非结构化及创造性问题时的创新导向。结合社会学视角，从动态角度考察高管团队关系网络等异质性因素，构建高管团队异质性影响企业技术创新的理论分析框架；三是以系统学视角，将高管团队异质性（行为主体）、内部控制（行为环境）、企业技术创新（行为结果）有机地联系起来，构建结构方程模型，理论分析并实证检验高管团队异质性对企业技术创新的直接影响，及通过作用于内部控制制度设计与执行而引起的间接影响，研究“高管团队异质性—内部控制—企业技术创新”的路径关系和作用机理。

第8章是内部控制对企业技术创新影响的经济后果研究。即内部控制、技术创新与企业价值之间的关系。本章主要从财务表现及市场反应两个层面分析企业价值，通过技术创新的信号传递效应等剖析技术创新对企业价值的作用机理，进一步分析与实证检验内部控制对于技术创新与企业价值之间关系的调节效应。并对企业进行生命周期划分，检验不同生命周期下技术创新对企业价值的影响差异。同时，考虑企业创新程度差异，检验不同创新程度下，内部控制对于技术创新与企业价值之间关系调节效应的差异。

第9章是研究结论及未来研究展望。本章首先总结了本书的主要研究结论，其次提出了相应的政策建议：一是宏观层面，政府相关部门制定具有针对性的信贷配置政策，优化信贷资源配置，遏制信贷寻租等；二是中观市场层面企业应加强供应链关系管理等；三是微观层面，企业合理优化高管团队成员构成、加强内部控制建设等。最后，剖析了本书的局限及不足，对内部控制与企业创新方面相关的未来研究内容进行了展望。

1.4.4 研究方法

本书主要采用内容分析法、文献研究法与实证研究法相结合的研究方法。内容分析法基于我国实体经济高质量发展，制造业亟须加强技术创新的现实背景，考虑企业技术创新是多种因素综合作用下的经济活动，从多角度剖析宏观信贷配置扭曲下的信贷寻租、中观供应链集中度、微观企业高管团队异质性作用下，内部控制对企业技术创新的影响机理；文献研究法主要用于剖析内部控制对企业技术创新影响的作用路径及宏观、中观、微观因素作用下，内部控制对企业技术创新的影响机理和对企业技术创新影响的经济后果；实证研究法则通过搜集制造业上市公司数据，对本书主体部分的研究假设进行验证。详见表 1-1。

表 1-1 研究方法

研究内容	研究方法	研究方案
制度背景	文献法、内容分析法、逻辑推演法	通过梳理相关文献，构建内部控制对企业技术创新影响的理论模型。分析宏观信贷配置扭曲下的信贷寻租、中观供应链集中度、微观高管团队异质性的制度背景，剖析多维异质性视角下内部控制对企业技术创新影响的现实环境
内部控制对企业技术创新的影响机理研究	文献法、内容分析法	通过梳理相关文献，构建内部控制对企业技术创新影响作用的理论模型，为实证研究打下基础
	多元回归模型	基于技术创新流程，从技术创新投入、技术创新产出与技术创新效率三个方面考察企业技术创新，通过分析内部控制缓解信息不对称、抑制管理层自利、降低企业风险承担水平，进而促进企业技术创新，来剖析内部控制对企业技术创新的影响机制，构建多元回归模型，实证检验内部控制对企业技术创新的影响，进一步检验内部控制五要素、内部控制质量改善对企业技术创新的影响差异

续表

<table>
<tr><th colspan="2">研究内容</th><th>研究方法</th><th>研究方案</th></tr>
<tr><td rowspan="6">内部控制对企业技术创新的影响机理研究：多维异质性视角</td><td rowspan="2">信贷寻租、内部控制与企业技术创新</td><td>文献法、内容分析法</td><td>通过梳理相关文献，构建信贷寻租、内部控制对企业技术创新影响作用的理论模型，为实证研究打下基础</td></tr>
<tr><td>多元回归模型</td><td>构建多元回归模型，实证检验信贷配置对企业技术创新的影响，进一步采用在模型中加入交互项的方法，以体现内部控制调节作用下，信贷寻租对企业技术创新影响的作用机理</td></tr>
<tr><td rowspan="2">供应链集中度、内部控制与企业技术创新</td><td>文献法、内容分析法</td><td>通过梳理相关文献，构建供应链集中度、内部控制对企业技术创新影响作用的理论模型，为实证研究打下基础</td></tr>
<tr><td>多元回归模型</td><td>从供应商集中度与客户集中度两个方面衡量供应链集中度，构建多元回归模型，实证检验供应链集中度对企业技术创新的影响，进一步采用在模型中加入交互项的方法，以体现在内部控制调节作用下，供应链集中度对企业技术创新影响的作用机理</td></tr>
<tr><td rowspan="2">高管团队异质性、内部控制与企业技术创新</td><td>文献法、内容分析法</td><td>通过梳理有关文献，构建高管团队异质性、内部控制对企业技术创新影响的理论模型，为后续实证研究打下基础</td></tr>
<tr><td>结构方程模型</td><td>从高管团队年龄异质性、任期异质性和社会关系异质性三个方面衡量高管团队异质性，从内部控制信息披露、内部控制指数两个方面衡量内部控制，从企业创新投入、创新产出、创新效率等方面选取变量衡量企业技术创新，运用结构方程模型（SEM）中的高阶因子分析技术，描述潜变量与指标之间的相互关系，研究高管团队异质性、内部控制对技术创新的作用路径及影响程度</td></tr>
<tr><td rowspan="2">内部控制对企业技术创新影响的经济后果研究</td><td colspan="2">文献法、内容分析法</td><td>通过梳理相关文献，构建内部控制对企业技术创新影响的经济后果的理论模型，为后续实证研究打下基础</td></tr>
<tr><td colspan="2">多元回归模型</td><td>从财务表现、市场反应两个层面考察企业价值，检验内部控制、技术创新与企业价值之间的关系。借鉴已有研究，财务表现采用财务指标法，基于事件研究法，采用 CAR 法衡量短期市场反应，构建多元回归模型进行实证检验，以验证技术创新对企业价值的影响作用效果，内部控制对于技术创新与企业价值之间关系的调节效应</td></tr>
</table>

需要补充说明的是，本书检验宏观信贷配置扭曲下的信贷寻租、中观层面供应链集中度下，内部控制对企业技术创新的影响部分，未采用用于处理多个变量之间两两相互影响，存在结构关系的结构方程模型（SEM）。原因在于这部分内容与微观企业高管团队异质性、内部控制及企业技术创新关系研究不同，因高管团队在内部控制制度设立与执行过程中发挥关键主导作用，非常有必要研究高管团队异质性对企业技术创新影响这一关系。而宏观与中观层面分析，则侧重于剖析外部环境对企业技术创新的影响，及在企业不同内部控制质量场景下，这种影响的差异，即内部控制对于信贷寻租与企业技术创新之间关系的调节效应，内部控制对于供应链集中度与企业技术创新之间关系的调节效应。并非研究信贷寻租、内部控制与企业技术创新三者之间相互作用的结构关系，亦非研究供应链集中度、内部控制与企业技术创新之间的结构关系。同样地，在探究内部控制对企业技术创新影响的经济后果部分，亦非研究内部控制、技术创新与企业价值之间的结构关系。

1.5　研究创新点

考虑到内部控制作为企业实施技术创新活动的内部制度环境，在技术创新过程中发挥的重要作用，结合当前宏观信贷配置支持实体经济发展，但信贷配置扭曲下存在严重信贷寻租现象，企业技术创新活动会受到供应商、客户关系影响，且企业高管团队日益呈现差异化的现实背景，研究多因素作用下内部控制对企业技术创新的影响机理。可能的创新点如下：

（1）挖掘了内部控制对企业技术创新的影响机理。本书基于企业技术创新流程，从内部控制缓解信息不对称、抑制管理层自利、降低企业风险承担水平，进而影响企业技术创新，剖析内部控制影响企业技术创新的作用机理。进一步地，考察内部控制五要素对企业技术创新的影响差异，内部控制质量改善对企业技术创新的影响差异，深入研究了内部控制作用于企业技术创新的影响机理，同时，为多维异质性视角下内部控制对企业技术创新的影响机理研究做铺垫。

（2）以内部控制为切入点，结合企业技术创新实施过程中多因素共同作用的现实，系统研究了宏观信贷配置扭曲下的信贷寻租、中观供应链集中度、微观企业高管团队异质性的作用下，内部控制对企业技术创新的影响机理。关于企业技术创新影响因素的研究，已有文献多从单一因素角度，集中于公司组织特征、财务状况等客观因素对企业技术创新的影响进行研究，尚缺乏考虑高管团队这一在内部控制制度制定与执行过程中发挥主导作用的主观因素，基于高管团队异质性角度的研究。本书同时结合国家信贷政策支持实体经济创新发展的制度背景，研究信贷配置扭曲下的信贷寻租对企业技术创新的影响；并基于供应链竞争时代供应链关系管理尤为重要的现实，考察供应链集中度对企业技术创新的影响。总之，本书对于内部控制影响企业技术创新的作用关系进行了多维系统研究，这是对内部控制研究领域的拓展，并为企业技术创新研究提供了新视角。

（3）深入研究了内部控制对企业技术创新影响的经济后果。本书以内部控制为切入点，不仅探究了多维视角下内部控制对企业技术创新的影响机理，且考虑技术创新是否增加企业价值，深入研究了内部控制对企业技术创新影响的经济后果，即内部控制、技术创新与企业价值之间的关系，并从企业财务表现、市场反应两个方面衡量企业价值，进行了较全面的实证检验。为相关部门采取措施，继续推进企业技术创新，促进企业价值提升的实践提供了经验证据。

第 2 章　理论基础与文献综述

2.1　理论基础

2.1.1　创新理论

1912 年，熊彼特在其著作《经济发展理论》中首次提出创新理论，这一独具特色的理论为经济思想的发展做出了重要贡献。熊彼特认为，创新是指在生产体系中引入一种新的生产要素和生产条件的新的组合，以达到对生产要素或生产条件新的改造。他还指出，创新的主要类型包括：产品创新、科技创新、经营创新、资源配置创新和组织架构创新。产品创新主要是指引进新产品或大幅提高产品质量；科技创新主要是指采用新的生产工艺和方法；经营创新主要是指开辟一个新市场、新领域；资源配置创新主要是指获得一种原料或半成品的新的供给渠道；组织架构创新主要是指采取一种新的企业组织架构方式。熊彼特创新理论的核心观点有以下六个方面：一是创新是生产过程中内生的，也是最基础的；二是创新是一种"革命性"变化；三是创新的同时意味着毁灭；四是创新必须能够创造出新的价值；五是创新是经济发展的本质规定；六是创新组合由企业家实现，企业家是创新的主体。

熊彼特认为，经济系统的均衡仅仅是一种理想愿望，在现实的经济生活中是无法实现的。所以，经济发展可以视为一种变化，经济发展或变化的原因，是经济体系自发的和不连续的变化，是对平衡的扰动，永远不能改变和取代以前的平衡状态。而创新在这个经济体系中意味着自发且不连续的变化。企业家都是创新者，并且是创新的主体，其创新主要动因在于获取机会，争取利润最大化。创新理论构成了包含经济理论和社会发展理论的完整的理论体系，虽然这一理论在当时并不被普遍接受，但他的著作在西方经济学中是独立的，他的作品成为丰富的灵感来源，对于任何像熊彼特那样的学者，困惑于工业化以来经济繁荣与萧条的交替出现，创新理论都是不可或缺的；熊彼特的理论对后来的经济增长理论、经济成长阶段论等都产生了十分重要的影响。在熊彼特创新理论的基础之上，学者们不断对创新理论进行拓展研究，分别提出了技术创新理论、制度创新理论和管理创新理论，我们将着重进行技术创新理论分析。

科学技术发展对经济发展产生了很大的影响，技术创新理论是在熊彼特的创新理论基础上发展而来的（徐则荣，2013）。索罗在1951年《资本化过程中的创新：熊彼特理论述评》一书中指出，技术创新，不但是指采用新的生产工艺和流程，而且包括对现有技术的组合。同时，他在技术创新概念界定研究上首次提出，新思想的来源和后期的实现及发展是实现技术创新的两个条件，这具有重大意义。在技术创新理论发展过程中，众多的技术创新定义分别从两个方面探讨：一是从过程的角度理解技术创新，不同阶段应包含哪几个环节（朱晋伟等，2014）；二是从要素组合的角度界定技术创新，视之为创新资源的组合（王雪苓，2002）。顺应技术创新与制度创新两支流分久欲合之势，对技术创新的理解也逐渐呈现出：一是在过程方面涵盖从创新构思产生至市场价值实现的全过程。对技术的理解泛化，除传统的生产技术，也包含经营、管理和组织技术；二是创新内容既可为产品、工艺创新、组织制度的创新，也包括各类创新的组合。清华大学傅家骥先生所给的定义即反映了在宽泛意义上对技术创新的最新理解，他认为技术创新是企业家抓住市场的潜在盈利机会，以获取商业利益为目标，重新组织生产条件和要素，建立起效能更强、效率更高和费用更低的生产经营系统，从而推出新的产品、新的生产（工艺）方法、开辟新的市场、获得新的原材料或半成品供给来源或建立企业的新的组织，它是包括科技、组织、商业和金融等一系列活动的综合过程。这是基于对技术创新的深刻理解而得出的定义。

不同学派从不同角度展开了研究，新古典学派的技术创新理论主要是研究技术创新对经济增长的影响（陈杰，2004）；新熊彼特学派的技术创新理论，在传统创新理论的基础上，更侧重于研究诸如企业组织行为、规模效应、市场等因素对技术创新的影响（李佳蓉，2018）；制度创新学派主要研究分析制度架构对技术创新的影响（徐英吉和徐向艺，2007）；国家创新系统学派则认为政府、企业、大学研究单位、中介机构是技术创新的主要推动力，并且创新系统中的各个主体是相互联动而起作用的（薛春志，2011）。

2.1.2 委托代理理论

委托代理理论正是为解决委托代理问题而产生的，它是契约理论重要的发展之一。自 20 世纪 60 年代末，一些经济学家针对阿罗—德布鲁（Arrow-Debreu）体系中的企业“黑箱”理论，深入研究了企业内部信息的不对称和激励问题，从而开创了委托代理理论。委托代理理论的中心任务是研究在利益相冲突和信息不对称的环境下，委托人如何设计最优契约激励代理人的问题，其遵循的是以经纪人假设为核心的新古典经济学研究范式。经过 40 余年的发展，委托代理理论从理想形式的双边委托理论扩展出存在多个代理人的多代理人理论，例如存在多个委托人、单一代理人和单一代理事务的共同代理理论（Rasmusen 等，1987）；存在多个委托人、单一代理人和单一代理事务的共同代理理论，例如 Bernheim 和 Whinston（1985）、Bergemann 和 Valimakit（2003）、Martimort 和 Parigi（2003）等；委托人同时委托多项任务的多任务代理理论，如 Dikolli 和 Kulp（2009）等。这些理论共同遵循着两个基本条件和相同的分析逻辑。两个基本条件为：①保留效应，即委托人支付给代理的报酬效用应不低于代理人的市场机会成本。②激励相容约束条件，即代理人追求自身利益的努力，正好与委托人的期望相吻合。相同的分析逻辑为：委托人从自身利益出发，将所拥有的资源委托代理人经营管理，要求代理人为自己服务，并给予报酬；而代理人作为理性经济人，在自身利益与委托人利益冲突时，可能会利用信息的不对称，把自身利益放在首位，从而损害委托人的利益，于是产生代理问题；为了解决代理问题，委托人需要设计一套制衡机制（或称契约）来约束和激励代理人的行为使其符合委托人的利益，从而更好地为自己服务。

Pratt 和 Zeckhauser 等（1987）认为，委托代理关系存在于任何包含两人或两人以上的组织和合作中，只要一个人的决策依赖于另一个人，那么便会产生委托代理关系，作出决策的一方为代理人，被依赖的一方为委托人。显然，如果委托代理双方都是理性的经济人，且各自效用函数不同，代理人偏离甚至牺牲委托人的利益来谋取私利的现象就不可避免。因为在委托代理关系中，代理人付出更多的努力，就可能有更好的结果。代理人最关心付出的努力，委托人却没有直接的兴趣；委托人最关心的是结果，代理人却无权享有，委托人与代理人相互之间的利益是不一致的，代理人可能利用委托人委托的资源决策权谋取自己的利益，即可能产生代理问题，因而委托人与代理人之间需要建立某种机制以协调两者之间相互冲突的利益。但是，企业内的委托代理问题不是从来就有的，而是企业的组织形态发展到一定阶段的必然产物。企业作为一种经济组织形式，其形态经历了由自然人企业向公司制企业的发展过程。企业最初是自然人企业，自然人企业的主要特征是经营者自己经营（所有者也是经营者），所有的收入归自己所有，所有的损失也由自己承担。可见自然人企业的激励效应最大，然而自然人企业也存在天然的缺陷：一是受经营者自身资本规模的限制，难以实现规模效应；二是受自身经营能力的限制，难以实现能力效应。而公司制企业，特别是股份制企业的出现弥补了自然人企业的缺陷：一方面，它将社会资金（股东）为企业所用，实现了资本的规模效应；另一方面，企业从整个社会（经理人市场）选择专职经理人进行经营，从而实现了能力效应。公司制企业的出现，实现了企业所有权（股东）和经营权（经理人）的分离，不持有或较少持有企业股份的经理控制着企业资源的配置权，这种两权分离使得企业委托代理的产生成为必然。作为委托人的股东不可能全面彻底地实现对经理人的监督；同时，股东和经理人的效用函数不可能完全一致，理性的经理人会努力追求自身效用最大化而不是股东的财富最大化，由此产生委托代理问题。

张维迎（1996）指出委托代理问题的实质是委托人不得不承担代理人

的行为后果。而在信息不对称性、环境不确定性和契约不完备性影响下，代理人往往通过降低努力程度或其他机会主义行为来实现自身效用最大化，从而损害委托人的利益，信息的不对称是委托代理问题产生的关键原因。在委托人和代理人之间，代理人拥有信息优势，而委托人为不知情人。信息不对称是由于经理人拥有较多企业内部经营相关信息，但是没有明确将信息传递给股东，而使得双方在认知上产生差距。代理人对自身的禀赋条件和行为意图，如工作能力、努力程度、对待风险的态度、行为的机会主义倾向，拥有更多的信息，而委托人对此难以观察和直接了解，即使委托人可以从其他渠道获得代理人的信息，付出的代价也是巨大的，不符合成本效益原则。因此，作为经济人的代理人便可能利用信息优势做出有利于自己而对委托人不利的行为决策。环境的不确定性使得企业的产出不仅取决于代理人的行为决策和努力程度，还依赖于一些不可控的随机因素，例如经济危机、国家的宏观调控等。因此，委托人不能完全依据企业的产出来评价代理人的努力程度和决策水平。新制度经济学把企业看成是一系列契约的联结，而契约的不完备性使得委托代理双方缔结的契约不可能将所有可能发生的情况下的权利、义务、责任进行详细规定，没有规定到的权利、义务和责任的配置必然会影响代理人的行为决策，也就必然会影响委托人的利益。

在公司实际经营中，会产生不同形式的委托代理问题，其中的两种基本类型为道德风险和逆向选择。道德风险，也称败德行为，是指代理人利用事后的信息不对称、环境不确定和契约不完备而采取的不利于委托人的行为。契约签订后，由于委托人对代理人的观察是有限的，代理人就可能做出偏离委托人利益的决策而不被发现，例如代理人的偷懒、浪费等行为。逆向选择，是指代理人利用事前信息、知识的不对称性所进行的不利于委托人的行为决策，例如对自身能力不足或其他信息的隐瞒等。因此，张维迎把委托代理问题等价于信息不对称问题。还有一种委托代理问题被称为“隧道效应”（Tunneling），具体指掌握控制权的大股东通过各种手段转移企业资源谋取自身利益而损害中小股东财富，无论是在新兴市场，还是在经济发达国家，都有类似行为发生。

综合来看，委托代理理论的一个重要方面是分析和处理企业高层管理者与所有人之间的代理问题。在本书中，这一代理问题同样存在，因此，委托代理理论为研究微观层面高管团队异质性、内部控制与企业技术创新之间的关系提供了坚实的理论基础。

2.1.3　不完全契约理论

不完全契约理论起源于完全契约理论。契约可以看作是双方在签订合同时所作的一系列承诺，并期望在未来合同的有效期内得到履行。完全契约是指双方能够充分预见到在合同有效期内可能发生的重大事件。契约中的主要内容包括双方在未来预期事件发生时的主要权利和相应的义务，双方承诺都愿意严格遵守，在执行过程中当双方对契约条款有争议时，第三方权力机关能够强制失约的一方按照其约定执行。委托代理理论就属于一种完全契约理论，在委托代理关系下，交易成本可以通过签订契约来确立委托代理关系，完全契约的重点是风险转移，交易主体通过合同条款设计，进行合理的制度安排，以避免交易主体的“道德风险”和“逆向选择”。

不完全契约理论主要是在 Grossman 和 Hart（1986）以及 Moore（1990）所开创的分析框架基础上逐步形成和发展起来的，因此也被称为 GHM（三位作者英文名首字母组合）理论。他们注意到，单纯的契约界定只能针对或然概率下事前对各种可能情况进行条款设计，规定交易主体的权利和责任，因此事后监督是研究的中心。现实情况是，未来可能发生的事件不能完全由合同来定义。签订一份完整合同的成本无限大。在大多数情况下，一个完整的契约，就像物理学中的真空世界，只是一种理想状态。所以不完全契约理论的研究视角在于如何通过制度安排与设计规避契约不完全所带来的事前投资不足，事后“敲竹杠”及其再谈判和所有权及控制权分配问题。

该理论指出存在不完全契约的原因主要有三：第一，在复杂世界中，无法准确估计各种行为的概率；第二，即使能够做到准确估计偶然性，也很难签署一份完全契约，因为缺乏对偶然性共同的语言描述；第三，法院等外部权威机构难以全面掌握合同各方签订的条款，由于合同的背景和内容各不相同，使得合同各方难以正确履行其职责。由于合同是不完全的，也就是说合同不可能对未来可能发生的所有事件及其相关的责任和权利做出明确的规定，那么，当这些没有明确规定的情况出现时谁有权做出决定呢？这种权力应该配置给谁呢？GHM 理论将其称为“剩余控制权”，因为谁拥有剩余控制权则意味着谁可以在合同不明确的情况下做出最有利的决定。由此可见，不完全合同下的剩余控制权问题是非常重要的，GHM 理论认为，所有权是全部权力的根源，对物质资产所有权的控制最终会导致对人力资产的控制，因为在现实情况下，员工往往会倾向于根据老板的利益行事，这样一来，剩余控制权自然属于非人力资产所有者。

GHM 理论分析框架认为，最优的剩余控制权往往配置给拥有重要专用性投资权的一方。聚焦公司治理，股东作为非人力资本投资者是企业最主要（甚至唯一）的特殊资产投资者和风险承担者，因此，企业应以股东为主要服务对象，实现投资者利益最大化。企业剩余控制权作为一套契约，其剩余控制权就应该配置给股东，只有这样，股东才有积极性进行非人力资产的专用性投资。

不完全契约理论改变了传统企业契约理论中“完全理性、风险规避、信息对称”等假设的思维范式，通过建立模型和机制，试图从不完全假设条件出发，解决新古典契约理论中难以解决的实际问题。虽然它自己的假设并不全面，但它更接近事实，得到了学术界的广泛认可。随着不完全契约理论的发展，许多学者开始在不完全契约理论框架下构建控制权的动态分配模型来研究企业的资本决策问题。

2.1.4 资源基础理论

关于资源基础理论的来源，学术界普遍认为它来源于 1959 年英国 Penrose 的著作《企业成长论》。在 Penrose 看来，企业是资源的集合体，企业资源的性质不同决定了企业性质的不同。虽然 Penrose 没有正式提出资源基础理论，但是为这一理论的研究奠定了理论基础。1984 年，Wemtefelt 发表了《企业资源基础理论》一文，首次提出了企业资源基础理论。随后，在 1990 年，Prahalad 和 GaryHand 在《哈佛商业评论》上发表了文章《企业的核心竞争力》，将资源基础理论付诸实践，这一理论便成为工商界实践研究的热点。

资源基础理论的提出是经济学领域和战略管理领域中对企业竞争优势来源的解释，认为独特的资源为核心竞争优势的塑造奠定了基础。资源基础理论具有丰富的内涵，主要包括三个方面的内容：第一，企业竞争优势的来源是其自身所拥有的特殊异质资源（史浩江，2006）。在这些资源中，货币资金的用途最为广泛，企业的经营决策就是开发和配置包括资金在内的各种资源，并且开发和配置这些资源的过程中会形成一些专用资产，从而会降低企业的灵活性。第二，只有不可模仿的资源才能维持竞争优势（罗群，2006）。企业具有的特殊资源能够形成持续的竞争优势，从而使得企业赚取超额的利润。但是在经济利益的驱动下，这些竞争优势不足的企业会采取措施不断学习和模仿优势企业，积累自身的异质资源，从而使得各企业间的差距逐渐缩小甚至消失，导致利润水平趋于平均化。因此，企业若想维持竞争优势、获取超额的利润就必须保证其所拥有的特殊资源难以被其他企业学习和模仿。第三，要持续获取特殊异质资源需不断加强管理（赵文红，2017）。企业要加强组织学习，不断提高知识管理水平，建立知识联盟，不断提升自身的知识和技能水平以维持自身的竞争优势，持续地获取超额利润。

依据不同的分类标准和研究目的，企业资源有不同的分类方法。Grant（1997）将企业的资源分为六类：财力、物力、人力、技术、声誉和组织资源。Barney（1991）把企业资源分为物质资源、人力资源和组织能力资源。企业的各种资源的重要性随着经营环境的变化而不断变化。由先前的以土地为根本的资源，再到以资本为根本的资源，如今转变为以知识和人力资源为根本的资源。各种资源重要性的转变，折射出一定的经济形态和市场竞争的要求。以往关于资源基础理论的研究大多都忽略了企业资源并不能直接对企业绩效产生影响。因此，Dierickx 和 Cool（1989）在考虑了战略要素市场的不完备性后，提出企业所拥有的资源只是一种存量的形式，拥有资源并不一定能够获得竞争优势与经济租金，只有将资源进行有效配置，才能创造价值。

资源基础理论为企业获取和管理特殊资源提供了方向性指导。企业可以通过管理培训、模式创新和加强外部联系等方式来获取和管理强化自身的特殊资源。资源基础理论要求，企业只有不断地提高创新意识，加强各种创新资源的投入，不断提高企业技术创新能力，才能打造自身的核心竞争力，以便在激烈的市场竞争中维持竞争优势并且不断获取超额的经济利润。

2.1.5 信贷配给理论

1776年，亚当·斯密在《国富论》一书中最早提出信贷配给概念，但到了20世纪50年代初，学者们才开始从理论上解释信贷配给。当所有贷款人中，只有一部分人能够获得贷款，被拒绝的那部分贷款人即便提高利息的支付也无法获得贷款；或者贷款人只能获得需求资金的一部分，这两种情形都属于信贷配给。信贷配给现象，是从信贷市场的角度解释企业与债权人，也就是企业与银行之间的信息不对称（DeMeza & Webb，2000）。是银行信贷市场作为一种不完全信息市场时，逆向选择问题的体现（Stiglitz & Weiss，1981）。由于银行对各个企业申请贷款项目的风险无法完全把握，当根据市场平均风险制定贷款利率时，会产生逆向选择。

弗雷特和豪威特（Fried & Howit）等于1980年在研究信贷市场时引入隐性合同理论，他们指出银行与客户之间在信息不对等条件下签订的隐性合同，在进行信贷配给时对降低风险有一定的作用。隐性合同理论研究在不同的局限条件下，如何通过复杂的契约来实现劳动力市场的均衡，以解决各方投资者分担的价值和效用的不确定性。它的基本思想是在交易中雇主并不比工人更能规避风险，因而雇主和工人提前达成了包含保险成分在内的雇佣关系合同。在合同中，劳资双方共同决定产品的配置，共同承担风险和收益，这可能有利于工人对企业产生某种长期的依赖。弗雷德和豪威特理论中，如果贷款利率波动时存款利率一起波动，这时风险中性银行会同意与客户签订隐性合同并约定采用固定利率，以保护客户免受利率波动之苦，因此贷款利率可以独立存在于存款利率之外，也可以签订多阶段的隐性合同交换当前低利率对未来变动较小的利率，也就是说，未来利率变动是有保险的。此外，由于新客户的交易成本远高于老客户，且两种隐性合同的内容不同，新客户被拒绝的可能性明显较大。

斯蒂格利茨和韦兹（Stiglitz & Weiss）对信贷配给进行了更深入细致的研究。1981 年，他们在论文《在信息不完善的市场中实行信贷配给》（*Credit Rationing in Markets with Imperfect Information*）中指出，项目的风险效益水平以及借款人在信贷市场上申请放弃贷款，这都是“逆向效应”；事件发生后的信息并不是因为监管成本高，对于信贷资金实际使用情况，银行方面也难以获得足够有效的信息，接受较高利率贷款的客户在获得贷款后，扣除高额利息后想要获得收益，必然会去追逐高收益、高风险的项目，从而陷入“刺激效应”（即道德风险效应）。由于利率的双重作用，贷款利率的上升会增加信贷资产的风险，从而降低配置效率。因此，当信贷需求超过信贷市场信贷供应时，银行应采用非市场手段来分配资金额度，银行将利率降低到低于市场均衡利率的水平，鼓励信誉度高、只愿意以低利率借款的客户借款，限制那些信誉度低、愿意以高利率借款的借款者，以保证银行利润最大化，提高信贷资金配置效率。

曼昆（N. Greogory Mankiw）在信贷配给理论研究的基础上，进一步提出了信贷分配理论和金融崩溃理论，不但重新强调非对称信息在信贷配给中所起的作用，而且还阐明了在一个自由的信贷市场中，因存在众多需要平衡的条件而无法最优地分配贷款，当货币政策紧缩时，较高的利率会导致多数的借款客户退出信贷市场。这时政府应从促进社会福利最大化的角度出发，代表社会民众和投资者的利益去调整信贷市场，通过利率补贴政策和信贷担保等特殊的非市场手段来降低实际的市场利率负担，鼓励借款客户投资虽有一定风险但可以增进社会福利、对社会有益的项目。

金融约束理论极大地促进了信贷配给理论的发展，该理论在赫尔曼、穆尔多克和斯蒂格利茨（Hellmann，Murdock & Stiglitz）1997 年发表的《金融约束：一个新的分析框架》一文中有了集中体现。该理论以信贷配给理论为基础，对发展中国家金融行业发展出现的问题进行了分析探索，其主要内容是政府通过存贷监督、限制无序竞争和资产转换替代等一系列措施，给银行业创造“特许权价值”而使其获得“租金机会”，即想办法将银行存款利率控制在竞争性均衡水平之下，使之有动力去吸收存款，严格监管贷款企业，充分发挥其信息优势，努力克服由于信息失衡引起的市场调节失灵。

从信贷配给理论的形成和演化过程来看，受益于信息经济学的发展和委托代理理论，自1970年以来，这一理论研究的内部因素，事关理性的和非强迫的贷款人能够持续维持低于市场平均水平的贷款利率，信贷配给制度存在的原因不仅在于信息不对称和代理成本的存在，其本质原因是银行要最大限度地获取利润，在信息不对称的情况下通过非市场手段对利率进行自主控制，才能够实现银行与客户之间的双赢发展，来消除逆向选择和道德风险作为信贷风险产生的根源，提高信贷资产配置效率（杨丰来，2003）。该理论抓住了市场经济活动中的两个关键因素：信息和激励，它的提出给西方信贷理论开辟了一个崭新的领域。

一般来说，低风险对应低收益，高风险对应高收益，当企业需要通过银行借款，投资属于低风险低收益的稳健投资项目时，由于银行统一制定的贷款利率相对项目收益率而言较高，企业面对银行贷款利率只能望而却步，由此产生的低效投资属于投资不足，并且这是因向银行支付的资金成本偏高而引起的。反之，投资项目属于高风险高收益的项目时，银行提出的贷款利率使得企业愿意采取债务融资方式，因为虽然项目是高风险的，但能够以低成本对项目进行投资，可能导致企业投资过度。信贷配给不仅会影响企业投资效率，还给银行带来了不利影响，因为那些愿意支付统一利率的借款人正是预期还款可能性低的借款人（罗斌元，2012）。

由于实际信贷资金使用方比银行拥有更多的信息，信贷市场信息的不对称是不可避免的，由此会产生“人为”风险：逆向选择和道德风险，使银行无法完全有效地控制自己的信贷资产，信贷风险由此产生。信贷配给与利率的刺激效应和逆向效应有关。从信息不完全发生期来看，事前信息不完全是指在信贷交易发生前，银行没有足够的信息来识别客户的风险状况，此时，如果银行在基本利率上增加“风险补偿费”使利率上升，风险较高的借款人愿意接受贷款而不可能拖欠。更安全的借款人通常会根据风险对贷款人进行信贷配给，利润的评估并不完全依赖于利率机制，而是常常附加各种额外的贷款条件，通过调配有效供给的方式来实现信贷的达成。其主要表现为两种情况：①根据借款人的信用评级，一些申请人可以获得贷款，而另一些申请人被拒绝，被拒绝者自愿支付高额利率，他们也不会获得贷款；②借款人的借款要求只能部分满足。新古典经济学理论认为，信贷市场只是一种利率调节机制，信贷市场的供求关系可以单一依靠利率的灵活变动来自动调节，使信贷市场趋于均衡。信贷配给只是外部波动或政府干预造成的暂时性不平衡现象（如政府人为调整利率上限），使需求超过供给。新凯恩斯主义信贷配给理论的观点则认为，利率机制与配给机制在实际的信贷市场中是相互作用、综合起效的（张新悦等，2015），如果只考虑利率机制会陷入简单性和片面性，信贷配给机制的作用会长期存在，真实信贷市场因存在多重机制的相互作用而逐步达到均衡。

信贷资金作为企业重要的融资渠道之一，尤其是在我国尚处于新兴资本市场阶段的现实条件下，信贷融资依然是企业最为依赖的融资渠道。信贷配给理论从理论上解释了企业不同的融资方式，如股权融资、风险投资和信贷融资对企业创新的影响以及信贷配给规模、信贷配给的期限、成本等其他重要因素对企业投资行为、创新投资的影响，尤其是对企业技术创新与研发投资行为及其效率的影响。

2.1.6　高层梯队理论

Hambrick 和 Mason（1984）提出了高层梯队理论，这个理论最初是在“有限理性假设”的前提下，阐述高层领导者特性与企业效益和战略规划之间的相关性，并构建相关的理论结构，分析三者之间的关系。此理论的基本观点是：上市公司的外部市场经营环境及其企业内部经营状况会影响高层领导的特征，而高层领导者的特征则会影响公司的战略规划和业绩水平，公司所处环境及经营状况也会对战略的规划和业绩水平产生影响。高层梯队理论主要围绕公司领导层成员从两个角度展开表述：一方面针对高层领导者的外部特征，比如其社会背景、经历、年龄、任职期间、专业、学历等；另一方面关注领导者的内在特征，包括他们的价值观、社会意识和决策能力、风险承受能力等。

高层梯队理论拓展了学术界对高管团队的研究深度，继 Hambrick 和 Mason 之后，Carpenter 等学者（2004）专注于修正和完善现有的高层梯队理论研究，引入了高层领导人员的背景特征要素，并在其中设置了有关的情景作辅助，研究发现企业经营状况及投资决策水平在一定程度上取决于公司经营团队的专业经验及其内在特征。Akman 和 Yilmaz（2008）在已有研究基础上，改进了高层梯队理论的研究方法，指出这一理论应该遵循决策者的有限理性原则，公司管理层在进行决策和战略规划过程中，出于外部市场的复杂性和科技的瞬息万变，无法在决策时考虑到全部影响因素，只能凭借以往的市场规律及自身决策经验、认知观念等搜集、筛选、汲取对决策尽可能有利的信息，经过加工处理后，选择制订最佳的决策方案。Crossan 和 Apaydin（2010）通过比较分析有限理性概念和高层梯队理论，发现有限理性概念揭示了个别高管成员由于客观因素无法制订出完美的投资方案，高管理论主要针对高管团队，这对有限理性概念的缺陷形成了补充。

高层梯队理论着重提出了把管理者团队的外在显性特征作为关注对象，包括年龄、任职情况、学历、职场经验、性别、业绩表现等方面（何威风，2015），从这些方面可以大致分析总结出高管成员的从业水平、职业素养、认知能力、价值取向等隐性特征，这些显性特征的数据更直观且方便获取，更适合实证分析管理层团体。高层梯队理论主要观点为在面对复杂的环境时，由于个体所具有的洞察力、认知基础和价值观的差异性，每个个体可能会对同一事物、信息进行选择性的接受和处理并做出差异性的判断和理解，并会进一步影响其做出最优战略决策，最终影响企业的战略决策和绩效水平。管理者团队在组织的战略执行方面效能更高，对组织发展发挥着至关重要的作用。在企业所处环境变幻莫测的情形下，出于成本效益方面的考虑，再加上能力、认知、精力等的限制，管理者团队只能尽力地在现有条件下使企业技术创新决策效果达到最佳。因此在客观因素无法被准确预知的情况下，决策者的才能才显得日益重要，特别是决策者的从业经验、思维方式及灵活应变能力等被企业视为选拔提升的重要参考依据。

内部控制是现代企业管理的重要手段，企业经营管理的成功需要有效的内部控制（陈欢欢，2015）。高层梯队理论认为企业管理层是企业经营管理的直接参与者，是由决策制定者与执行者组成的一个团队，拥有决策、计划、组织、领导等管理职能，因此拥有高效的管理层能提高企业的经济效益，确保企业财务报告的可靠性，保证企业业务行为合法合规，从而有效地促进企业进行内部控制（贾小旋，2016）。但在实际工作中，企业各级管理人员的社会背景不同，管理经验不一，专业认知和个人偏好存在差异，使得由其组成的各管理层团队拥有不同的特征，对企业内部控制制度的制定决策和执行管理有很大差异，所以不同特征的管理层对内部控制的有效性影响也会存在差异。

当企业面临复杂的内外部环境时，高管人员往往会通过自身的认知水平和价值观等对信息进行主观性过滤和筛选，从而在一定程度上影响企业的技术创新决策，即高管人员的洞察力、认知基础、价值观等心理特征会对企业技术创新决策有所影响。同时，高管人员拥有制定企业内部控制制度和执行的权力，对企业内部控制有效性也存在直接的影响，进而对企业技术创新造成影响。本书将根据高层梯队理论，探究高管团队异质性对企业技术创新的影响作用。

2.2　文献综述

2.2.1　企业技术创新影响因素研究综述

关于企业技术创新影响因素的研究，从技术创新驱动视角来看，大多数研究者将企业规模、人力资源、专利技术、创新能力等相关的企业属性作为影响企业创新能力的重要因素。吴舟和夏管军（2013）认为，企业技术创新的影响因素包括两方面，一方面是企业内部的影响因素，另一方面是企业外部的影响因素。

企业技术创新的内部影响因素包括企业文化、员工整体素质、企业研发激励机制、资本结构等。Bartoloni（2013）使用格兰杰因果关系检验表明，企业举债经营并不是引致创新产出的原因。郑萌和韩树政（2013）通过实证分析表明，高新技术企业内部的研发人员数量、费用投入、新产品的产值等因素对不同类型企业技术创新的影响差异较大。还有一些研究表明企业家的风险承受能力、管理能力、创新精神、创造力等特征是企业创新的重要影响因素。

部分学者探讨了中国特殊的制度环境与企业创新的关系，如政府管制（张峰等，2016）、产权性质（李文贵和余明桂，2015）、出口退税（陈林和朱卫平，2008）、知识产权保护程度（张杰等，2015）、市场化程度（戴魁早和刘友金，2013）、地区官员腐败程度（党力等，2015）、市场竞争程度（陈修德和梁彤缨，2010）、卖空机制（权小锋和尹洪英，2017）等。王霄和胡军（2005）运用结构方程模型，分析了影响中小企业技术创新的各项因素，认为社会关系、合作机会、技术信息共享、知识积累与企业人力资源结构等因素都不断地影响着企业的技术创新。张方华（2006）使用神经网络法，以我国 210 家企业为样本，发现企业对信息的获取能力对企业技术创新具有正向线性关系，而企业的资金投入对技术创新则存在复杂的非线性影响。范爱军和刘云英（2006）整理分析了我国 1996—2002 年大中型的高新技术产业面板数据，认为大型企业和中型企业之间的竞争效应和技术溢出效应分别抑制和促进了各自技术创新水平的提升，并且二者的技术创新对外资具有很大依赖性。高敏（2006）采用回归模型对 2011—2014 年我国电子产业数据进行分析表明，产业内企业规模、产业进出口额、大企业比重等因素对电子产业创新的影响较强，然而市场集中度、产权制度变化因素对电子产业创新的影响较弱。Guisado（2013）探讨了不同技术知识来源对西班牙企业创新绩效的影响，实证检验表明，在并购外部技术、合作研发、机械并购等影响因素中，只有机械并购技术对企业创新绩效具有明显的负面影响。吴岩（2013）采用主成分分析法，对影响中小科技型企业的技术创新因素进行了实证分析，表明产业状况和环境因素等严重影响了科技型中小企业的技术创新。总之，国内外关于企业技术创新影响因素的研究大多数将影响企业技术创新的因素分为企业内部影响因素和外部影响因素；其中针对企业规模、企业年龄、企业创新投入等内部因素对企业技术创新影响的研究相对较多；而针对政府激励政策、金融机构等外部因素对企业技术创新影响的研究相对较少。另外，由于企业根植于不同的国家区域，其所属产业类型不同，因此，影响企业技术创新的内外部影响因素的影响程度也存在差异性。刘浏昝和廷全（2018）论述了这五个子系统对企业技术创新的影响，行业对企业技术创新的影响和企业自身因素对企业技术创新的影响，这些不同方面的相互影响，构成了一个复杂的因果关系网络。周俊（2019）表明现有研究尚未充分探讨“新型政商关系能促进企业创新吗?”这一问题。基于中国人民大学国家发展与战略研究院《中国政商关系排行榜》的统计数据以及沪深两市的 A 股上市公司数据，本书考察了中国 285 个城市的新型政商关系对企业创新产出的影响，研究表明，政商关系“亲近”和“清白”均能增加企业的创新产出；并且，与非国有企业相比，“亲近”和“清白”对国有企业创新产出的促进作用均更小。姜德慧（2019）表明影响企业创新的外部因素有市场的需求、自主创新法规的健全以及国家政策的支持。

2.2.2　内部控制对企业技术创新影响的研究综述

内部控制是企业内部重要的治理机制，1992 年 COSO 会发布的《内部控制——整体框架》研究报告，明确了内部控制五要素——控制环境、风险评估、控制活动、信息与沟通、内部监督。我国的《企业内部控制应用指引》第 10 号——研究与开发，专门做出了对公司研发项目的立项、研发人员配备、研发过程管理、研发成果转化等的控制，内部控制对于企业技术创新活动的风险管控发挥重要作用。已有关于内部控制对企业技术创新的研究主要包括“内部控制促进论”与“内部控制悖论”两类。“内部控制促进论”认为，良好的内部控制将实现技术创新投入的规范化，进而促进资本性投资效率和技术创新产出率的提升（Verona，1999；王运陈等，2015；黄莲琴，2016；杨林，2017）；“内部控制悖论”认为，过于强调制度化的内部控制会抑制员工的创新精神，严格的控制和审批会降低高管对技术创新等风险性项目的投入意愿，由此降低企业创新效率（Ribstein，2002；Zhang，2007；张娟等，2016）。

“内部控制促进论”相关研究认为，内部控制对企业技术创新存在促进作用，即良好的内部控制有“鼓励创新”的作用。企业技术创新是嵌入到公司战略决策中的重大决定，而良好的内部控制机制能够弥补契约不完备性，促进战略目标实现，实现对企业技术创新的支持（Simon，1995）。韩少真（2015）从资源支持、缓解利益冲突、降低风险等方面，系统分析了内部控制对企业技术创新产生促进作用的作用机理。朱永明（2016）研究了内部控制、融资约束对企业研发效率的影响，得出内部控制实施能够增强企业风险管控能力，促进企业提升研发效率，且在融资约束较强公司中内部控制的作用效果更显著。内部控制能够增加企业信息透明度，降低投资者的风险溢价水平，从而降低企业融资成本（Ashbaugh-Skaife et al，2009），缓解融资约束。对于企业创新投资而言，内部控制建设能够促使企业对外披露更多与创新投资相关的可靠信息，使得投资者能够有效辨别创新项目投资价值，降低逆向选择行为，从而缓解企业创新投资面临的融资约束。韩少真等（2015）认为内部控制是影响技术创新的重要因素，对技术创新有积极的促进作用；内部控制对技术创新的积极作用受到产权性质和市场化程度的影响，相对于非国有企业，内部控制对技术创新的积极影响在国有企业中较低，相对处于市场化程度低的地区的企业，内部控制对技术创新的积极影响在市场化程度高的地区的企业中更大。钟凯等（2016）认为内部控制信息强制披露之后，企业创新投资显著增加；高质量内部控制对于企业创新投资及其效率具有促进效应；进一步分析发现，高质量内部控制主要通过缓解融资约束的渠道，为企业创新投资获取更多的融资支持，从而发挥积极效应。王书珍等（2016）认为高水平的内部控制对融资约束有显著的抑制作用，年轻的公司更具有创新的动力，非国有企业进行研发投资的积极性更高。

“内部控制悖论”认为，内部控制对企业技术创新产生抑制作用。内部控制作为系列制度约束，表现为覆盖到公司各业务层面的若干具体规定和程序规范，严格的内部控制，难免会造成内部控制的规范性和创新过程所需的灵活性之间的冲突，不利于企业的技术创新行为（姚杨，2018）。张娟（2016）在我国首次提出内部控制对技术创新可能存在抑制作用，发现高质量的内部控制可增加高管代理行为风险暴露的概率，降低了其隐性收入，因此将严重削弱高管增加创新投入的意愿，用研发衡量技术创新时，发现在创新保守的公司中，高质量的内部控制将降低技术创新的投入水平。另外，随着内部控制建设的不断强化、企业管理层对内部控制有效性责任的提高，管理层在投资决策过程中更加表现出风险规避偏好，损害了企业参与创新投资的动力（Bargeron et al.，2010）。集体决策与规范的决策流程增加了信息传递损失的可能性以及市场机会消失的概率，且对于创新投资而言，不同背景、经历的管理者对于创新投资的认知存在差异，会使得企业在创新投资的集体决策过程中争执不休，甚至相互推诿，降低了企业创新投资动力。Bargeron 等（2010）认为内部控制会由于公司治理机制的完善，使得管理层冒险精神与风险承担意识下降，从而降低了企业创新投资水平。

部分学者在进行内部控制对企业技术创新的影响研究时，考虑了其他因素。如朱永明等（2017）认为内部控制可以提高公司成长性，但在技术创新投入高的组中关系不显著；总样本中，内部控制可以激发创新对成长性的积极作用，但技术创新会抑制内部控制转化为成长性的效率；在三组不同技术创新投入水平的公司中，中介作用均体现较弱，调节作用仅显著体现在技术创新投入低的组；在国企中技术创新主要起调节作用，在非国企中主要为中介作用。杨清香等（2017）认为内部控制和技术创新均与企业价值创造能力正相关，且有效的内部控制对技术创新和企业价值创造能力之间的关系存在正向调节作用。宫义飞等（2017）认为研发投入越高，企业绩效越好，企业绩效与研发投入存在显著正相关关系；同时，内部控制质量对研发投入与企业绩效的正相关关系具有显著调节作用。张晓红等（2017）认为内部控制对企业创新能力提升具有显著的促进作用，且内部控制程度高低与企业创新投入成正比；内部控制对创新投入的作用受产权性质和市场化程度影响，国有企业比非国有企业更容易忽视创新方面的投入；市场化程度对企业创新投入也具有显著影响，市场化程度越高的地区，内部控制对企业创新投入的正向作用越大。许瑜等（2017）认为薪酬激励的增加对于促进高管进行创新活动起到推动作用，在内部控制有效性充分的环境下，高管激励与创新绩效的正相关关系会显著增强。秦卫平（2019）表明为了顺应经济全球化深入发展的潮流，我国企业积极调整自身的经营模式与管理方式，以便更好地融入其中，提升自身的经济效益和利润。而财务内控作为管理的一项重要内容，对企业发展壮大的重要作用和意义是不容置疑的。基于此，必须在企业内部控制管理模式探讨中，重点加强对财务内控管理模式的创新与探讨。杨凯淇（2019）认为整体上，风险投资对创业企业的创新绩效存在积极影响。从风险投资异质性来看，风险投资联合投资越多、投资期限越长、联合投资强度越大，企业的综合投资强度越大，企业的综合创新绩效越好。

综上，关于内部控制与企业技术创新关系的研究，由于研究角度不同得出的结论也不一致，本书从内部控制的本质出发，考虑到内部控制内嵌于技术创新全流程，探究内部控制作为企业内部正式的制度环境对企业技术创新的影响。

2.2.3 信贷寻租与企业技术创新相关研究综述

目前，中国经济已进入高质量发展阶段，企业是促进优质经济发展的支柱。在实现经济高质量发展的过程中，也是企业实现技术创新不断发展、活力和创造力不断增强的过程。但现实环境下，企业技术创新缺少信贷资源支持。已有研究认为信贷资源配置对企业技术创新的影响分为正效应和负效应两个方面。

部分学者认为信贷资源配置对技术创新有积极作用，如冯飞鹏（2018）指出，政府借助产业补贴及税收优惠等政策，不仅能够使创新研发融资不足的状况得到缓解，还可以使创新活动中存在的部分或全部公共产品属性导致的利益激励不足得到弥补。另外不同的金融信贷对企业技术创新的影响也并不完全相同。李新功（2016）选取中国制造业数据，研究发现金融信贷可以提高政府研发补贴的效果。直接研发补贴和间接研发补贴都能促进技术创新，但效果不同。政府研发补贴对不同规模、不同研发资本存量的企业有不同的影响，对产业技术水平没有影响。研究发现，产业政策可以使企业创新在财政激励的作用下得到实现，但信贷配置这种和货币政策存在紧密关联的市场因素，却可能对产业政策推动企业技术创新的正面作用产生削弱效果，因此政府在制定政策时，应使诸如信贷配置和财政扶助因替代效应所带来的消极影响得到降低。谢军等（2014）通过模型推导和实证分析，发现信贷资金可以促进企业技术创新，当企业更容易从外部获得融资时，信贷通过改善投资支出和缓解企业融资约束扩大投资，促进企业技术创新能力提升。

信贷资源配置的来源也同样影响企业技术创新，银行贷款作为当前金融体系下企业技术创新资金的主要来源，从利率、资金支持、治理机制三方面影响企业技术创新行为、提高企业技术创新水平。其中资金支持指为企业技术创新提供资金来源、改善企业技术创新不足，而治理机制指负债对企业技术创新过度的约束，但国有企业在取得贷款后可能会发生过度技术创新行为（解陆一，2013）。李后建（2015）认为银行信贷对企业创新具有显著的正向影响，而国有企业的持股比例严重抑制了企业创新。他还发现，中小企业的创新对银行信贷和所有权的性质更为敏感。同时，对银行有较大依赖的企业，其债务水平与信贷供给会呈现出正相关关系，并且这种关系与长期债务的可得性有关。Hellwig（1991）和 Rajan（1992）发现，强大的银行经常通过信息生产提取租金来扼杀创新。徐飞（2019）通过实证研究得出如下结论，企业技术创新活动的重要资金来源于银行信贷，然而，企业技术创新活动存在一定的高风险性及信息不对称性，由此银行信贷对于前期低创新企业有着一定的偏好，银行信贷强度会使企业技术创新再投入受到一定程度的抑制，银行信贷最终使企业持续低创新的频率得到增加，并对企业持续高创新的频率进行抑制。同时，通过进一步检验表明，银行业之间的竞争加剧及四大国有银行寡头垄断的降低，会使银行信贷对企业低创新的偏好得到缓解。除此以外，他根据上述研究结论认为，政府不应该仅运用行政手段要求银行通过正常的或低息的信贷条件来对企业技术创新进行支持，行政干预在一定程度上会使银行信贷市场出现失灵现象。

另外，部分学者认为信贷资源配置对企业技术创新带来的负面影响更多。陆静和黄霞（2013）认为，信贷配置与信贷风险和信贷配给有关，直接影响企业的借贷行为。当宏观信贷政策松散时，信贷总额增加，贷款成本下降，企业愿意增加银行债务。过度的信贷可用性会对研发创新的产业政策激励效率产生负面影响。周黎安等（2004）经过研究后发现，企业获得的信贷越多，资金越充裕，越容易引起资金的滥用与利用效率低下，对企业发展项目的资金投入不利，同时，企业的创新效率在资金充裕的情况下会表现出降低的趋势，企业更易于得到所需资金，更不愿意进行专业化管理与生产，也更不愿意投资新技术，从而使技术研发投资的动力无法得到保障；Boubakri（2008）实证研究发现，信贷可获得性的提高，可能造成公司经营目标混乱，进而间接使企业竞争力的提升难以实现，使企业增加创新支出受到影响，从而使取得的专利成果也受到影响。

在金融市场上，信贷资源的配置存在扭曲、歧视以及信贷寻租等问题。这些问题亦会对企业技术创新起到消极作用。李晓龙和冉光（2018）经过研究后发现，资本扭曲对技术创新效率的影响效果受到金融抑制的一定影响，即金融抑制使资本扭曲对技术创新效率的负面影响受到显著加剧，资本扭曲是金融抑制影响技术创新效率的重要作用路径。除此以外，资本扭曲在对技术创新效率的影响方面，也存在以金融抑制为基础的门槛效应，即在不同的金融抑制门槛值区间内，资本扭曲对技术创新效率的影响存在显著差异。王林辉等（2014）经过研究发现，企业技术创新主要在金融市场上进行外源融资，资本扭曲在对创新资本有效配置产生不利影响的同时，还可能在一定程度上使企业等创新主体在进行技术创新时的积极性降低，进而对企业技术创新产生影响。戴静和张建华（2013）通过对金融所有制歧视和企业技术创新的关系进行研究后发现，金融所有制歧视使国有企业在获取资本要素时付出较为低廉的成本，但技术创新方面的产出并未得到提高，反而使地区创新产出受到拖累。汪伟和潘孝挺（2015）认为，国有银行在信贷方面的歧视使企业在进行技术创新活动时受到了显著抑制，信贷歧视对民营企业技术创新活动的抑制作用相较于国有企业更大。孙晓华（2015）通过研究认为，目前在对融资约束和企业技术创新关系进行的研究中可以看到，我国仍处于经济转轨时期，长久以来形成的金融滞后发展及金融体制压制，使得外源融资成本较高，企业技术创新活动面临较为严重的融资约束问题。戴小勇和成立为（2015）同样通过研究发现，企业融资约束源自金融体系的低效，企业技术创新决策内生于其所在地区的金融发展程度。在中国的信贷市场上，国有银行倾向于基于政策考虑向国有企业发放贷款，这使得国有企业更容易获得信贷支持（Bailey，2011）。非国有企业的信贷融资成本高于国有企业，从而在贷款存量增加时，企业之间的技术创新效率差距被进一步拉开（喻坤，2014）。王贞洁（2016）认为现金融资歧视降低了信贷资金的配置效率，促进了一些技术创新不足的国有企业廉价信贷资源的流动。这增加了私营上市公司和小型公司在技术创新领域的融资约束。杨兴全等（2016）结合宏观货币政策和特殊的制度背景，研究发现货币紧缩时期现金持有创新平滑作用在国有企业与民营企业之间存在显著差异，且行业或企业外部融资依赖程度越高，两者之间的差异越显著。金融发展能够有效缓解民营企业所面临的信贷歧视，缩小现金持有在“国”“民”之间的差距。王贞洁（2016）认为“信贷歧视”致使那些低资本回报率的公司浪费了宝贵的信贷资源，而高资本回报率的创新企业却不能获得资金支持。

信贷寻租是导致企业技术创新效率低下的重要因素。张璇（2017）研究认为，信贷寻租一方面不能使企业技术创新所需要的资金得到缓解，反而在使融资成本增加的同时，使技术创新利润受到挤压，挤出了技术创新方面的投入。刘贝贝等（2017）研究了信贷寻租及融资约束对企业创新的影响，认为信贷寻租和融资约束都能显著地抑制企业技术创新，其中信贷寻租减少了企业创新利润，使企业用于创新的资金被挤出和替代，同时在经过实证研究后进一步发现，企业融资成本增加时，信贷寻租并不能缓解企业融资约束问题，反而会降低企业创新利润。Aghionetal（2012）研究发现，对于企业技术创新来说，信贷寻租有可能阻碍其发展，一方面，在企业资本要素投入量较为有限及存在信贷约束的情况下，研发投资方面的激励逐渐降低，企业为信贷寻租支付的额外费用会使企业融资成本及运营成本有所增加，使企业配置于技术创新方面的资本被挤出；另一方面，企业技术创新投资所带来的高风险会使企业家用“寻租战略”替代“创新战略”，进而抑制了企业技术创新的发展。Agarwal 和 Elston（2001）认为企业的信贷寻租并没有增加研发需要的长期资金，从而使其研发投入减少；除此以外，Fungáčová 等（2015）同样认为信贷寻租会使企业研发投入受到抑制。

2.2.4 供应链集中度与企业技术创新相关研究综述

供应链管理作为一种跨企业集成化管理的新思想，最重要的一个方面就是维护供应链节点企业间的关系（王海鹏，2002）。国内外对于供应链集中度的研究基本上从供应商和客户两方面进行分析，如黄微平（2009）研究了供应链上核心企业并购前后供应链结构变动及其对企业技术创新的影响，指出供应链集中度包括供应链上游的供应商集中度和供应链下游的客户集中度两部分。

随着消费者需求的升级，企业需要实施技术创新进行产品升级换代，但企业往往难以拥有技术创新所需的全部知识与技能。由此，企业开展外部知识的整合，以协助实现技术创新，供应商与客户便成为企业获取创新知识的重要来源。其中，供应商集中还是分散也是企业采购战略制定的关键，众多学者展开了供应商集中度的研究，如 Thomas 和 Daniel（2006）发现，供应商数目越少，供应商集中度越高，制造商的交易成本越低，供应商的响应性越强，供应的风险增加，供应商的创新能力也会随之降低。朱姗姗（2018）研究发现，供应商集中度与企业创新之间呈显著的负向关系，而客户集中度与企业创新之间则表现为显著的正向关系。这表明供应商集中度的提高会抑制企业创新，而大客户的存在对于企业的创新却会产生有效的推动作用。

随着研究的不断深入，国内外学者开始将供应商集中度和客户集中度结合到一起。林钟高（2017）认为客户集中度越高，企业的技术创新能力越低，环境的不确定性也增强了这种负相关关系；客户集中度的提高会增强客户的议价能力，从而压缩企业利润，加大企业的营运风险、财务风险和道德风险，企业的创新能力也会受到影响。孟庆玺（2018）通过实证检验表明，较高的客户集中度将会阻碍企业的技术创新发展。客户集中度越高，客户相对于企业的议价能力越强，从而给企业的融资和经营带来负面影响，共同阻碍了企业的技术创新。由此，通过供应链中各企业的合作，企业跨组织的技术创新成为企业技术创新的重要方式。

已有关于供应链集中度与企业创新关系的研究，多是基于供应链关系管理角度，从供应商与客户的知识共享与协同效应方面展开。由于关系管理具有隐蔽性、难以表征、难以获取等特点，已有研究多采用案例研究、问卷调查，亦有少量研究采用大样本实证检验。如林岩（2009）选取美国汽车生产行业作为研究对象，实证分析发现供应商越倾向于运用生产商的知识，越能够促进其知识创造水平，但反之不然，表明在汽车生产供应链中，关键的知识流动方向是从下游流向上游的；孙晓华和郑辉（2011）同样以我国汽车工业为样本，实证分析发现买方市场势力的增强有利于上游企业技术创新活动的开展；而 Kohler 和 Rammer（2012）以德国制造业为对象，实证检验发现强大的买方势力会降低企业创新的预期收益，扭曲创新成本收益结构，进而抑制企业创新投入。宋华和王岚（2012）采用问卷调查的方法，表明企业通过建立利用型关系和开放型关系可以逐步优化现有资源，通过供应商和客户的异质性增强企业的创新柔性。裴旭东等（2013）、戴智华等（2014）从供应商的视角和客户的角度，采用调查问卷的方法研究了供应商和客户参与企业创新过程对企业创新的影响。李随成等（2013）通过对江苏、湖北、辽宁、重庆、山西、山东、上海等省（市）的 285 份有效问卷的实证分析发现，供应商创新性和网络能力对于产品创新绩效有正向影响。马文聪和朱桂龙（2013）以广州电子信息行业的 286 家企业为研究对象，探讨供应商和客户参与技术创新对于企业创新绩效的影响，发现企业与供应商和客户的关系越紧密，越有利于从供应商和客户处获取创新资源，提升企业绩效。李庭燎（2016）实证检验发现，企业自主创新能力和企业在供应链中的关系是相辅相成的，自主创新能力能够提高企业在供应链中的地位，而供应链地位的提升又会反向推动自主创新能力；在上下游关系中，降低供应商集中度，有利于提高企业供应链地位，而客户集中度则相反；除此之外，企业员工素质、政府的支持力度和市场环境等也是影响自主创新能力的重要因素。张芬芬（2016）分析了供应链与企业技术创新能力的内在关系，而知识创新能力是企业技术创新能力最重要的体现。鲍群等（2017）认为财务柔性可以提升企业的价值；稳健的供应链关系可以提高企业的营运资金管理效率，促进技术创新等，而集中度过高的供应链关系则会强化买方强势以及买方对供应商财务柔性的侵占，从而弱化了财务柔性的价值补偿功能。孙兰兰等（2017）认为，企业的营运资金融资结构决策是一个权衡风险和成本的动态决策过程；供应链集中度越高，企业的营运资金融资结构调整速度通常越快。许江波等（2018）研究发现，供应链集中度会对企业绩效产生影响，对上市公司而言，供应商的集中度对公司绩效产生明显的负向影响，也就是说供应商集中度越低，企业的选择权越大，企业的利润空间也就越大，那么企业的业绩也越好，反之企业绩效会越差；客户集中度对企业绩效有一定的负面影响，进而对企业创新产生负面影响。

综上所述，国内外关于供应链集中度与企业技术创新的研究大多基于供应商与客户的协同效应展开，较少从供应商和客户两个层面系统考察供应链集中度。因此，本书从供应商和客户两个角度考察供应链集中度，探究供应链集中度对企业技术创新的影响，对于指导企业加强供应链管理，促进技术创新具有重要现实意义。

2.2.5 高管团队异质性与企业技术创新相关研究综述

Hambrick 和 Mason（1984）基于人口统计学在管理者中的应用提出了“高层次的梯队理论”，并为管理特征和企业技术创新决策研究提供了新的思路。该理论认为，教育水平，专业经验和管理风险意识等背景特征的差异将导致不同的思维和管理方式，如高管能力、高管激励等对创新效率的影响（马富萍等，2014；何玉润等，2015）。随着研究的深入，学者们逐步关注高管团队这一群体对内部控制的影响，集中于考察高管团队人口统计学变量，研究高管团队任期、学历、专业、年龄等方面的同质性或异质性对企业技术创新的影响（Hambrick 等，2015；肖挺，2016；韩庆潇等，2017）。自 20 世纪 90 年代起，学者们开始关注高管团队的冲突、凝聚力、决策过程等过程变量对企业技术创新的影响（胡高等，2015；杨治等，

2017)。Srivastava 和 Lee（2005）通过实证研究发现，增加执行团队成员之间的异质性可以有效地缩短新产品的生产时间，从而对创新产生积极的影响，高级管理团队成员的教育水平，专业和职能背景的异质性对技术创新具有显著的积极影响。肖婷等（2013）基于对服务业上市公司的研究，表明执行团队的异质性与三个指标的商业模式创新绩效是正相关的。执行团队成员之间的异质性反映在认知概念中，这将影响企业价值创造各个方面的决策。它在关键资源投入和关键业务活动过程建设中起着决定性的作用，它与企业能否为客户创造高质量的产品和服务有关。产品和服务反过来又影响企业技术创新（张春雨等，2018）。

对高管团队异质性的研究可以通过两种理论来解释，即社会认同理论和信息决策理论，依据两种理论对于高管年龄异质性与企业技术创新之间关系研究所得结论不同。一些学者从社会认同理论出发，认为当年龄异质性较高时，团队更有可能出现“携带群体”的现象。形成了小群体之间的对立状态，群体之间的冲突影响着相互沟通和交流。随着时间的推移，这种现象变得越来越强烈。年龄的异质性导致成员之间的不相容，频繁地更换团队成员，不利于团队的稳定发展和企业的长远发展（韩庆潇等，2017)。也有学者从信息决策理论出发，认为团队的决策质量跟决策过程中信息的输入数量和信息的可靠相关性有非常重要的关系（王辉等，2015)。根据该理论的观点，高管团队成员的年龄异质性越大，代表着阅历和职场经验的差别也越大，这样的工作团队必然具备多样化的认知模式，可以从多角度看待同一问题，在决策讨论过程中有不同思维方式和认识角度，从而产生更高水平的决策，促进企业技术创新提升。

具体来说，学者们关注的是高管团队异质性的不同方面，考察其对企业技术创新的影响。如关于高管教育水平与企业技术创新，高管受教育程度越高就说明对信息的处理能力和对环境的适应能力越强，对企业的技术创新就越有利（马富萍，2010)。针对高管团队教育背景的异质性与企业技术创新，学者们并没有得出一致的结论。但是，学者们普遍认为，执行团队教育背景的异质性越高，他们就越能从多个渠道思考和解决问题，会给企业技术创新带来正面的影响（邱茜等，2011)。国外学者对高管任期异质性与企业技术创新的研究尚未得出一致的结论，而中国学者普遍认为高管任期异质性会给企业带来不利影响（李正卫等，2011）。学者们关于性别异质性的研究较少，对于性别特征的研究大都集中在男性与女性对比研究的状态。国内外比较统一的结论是女性企业家在很多企业家特质方面表现均不如男性，男性表现得更加积极，偏好风险（雷辉等，2012）。关于高管政治关联的实证研究从 1998 年以后开始被经济学界广泛关注，大部分学者认为政府背景异质性能够提升企业技术创新能力，主要是从融资优惠和税收优惠两个方面研究的。许多学者对高级管理团队的专业背景异质性与企业技术创新之间的关系进行了研究，大多数研究结果表明它促进了企业的技术创新（王雪莉等，2013）。

2.2.6 企业技术创新经济后果相关研究综述

一是关于技术创新与企业价值方面。关于技术创新的实证研究，学者们一般以企业研发投入和专利数量作为技术创新的代理变量，探究技术创新与企业价值的关系（Griliches，1981；陈修德等，2011；袁建国，2015；张琴，2018）。国内外大多数学者的研究表明：研发投入与企业价值显著相关。Hirshleifer（2013）研究发现企业的研发投入能够持续和积极地影响其市场价值，而且公司的研发投入对一个公司未来的发展同样起着重要的作用。汪利锬等（2016）以沪深两市 2008—2015 年上市公司为样本，发现研发投入显著提升了企业价值。郭景先等（2017）运用 2010—2015 年上市公司数据同样证明了研发投入与企业价值存在显著的正相关关系。随着研究的不断深入，学者们开始对细分行业和板块进行更深入的分析。对高新技术企业上市公司而言，研发投入与企业价值之间显著的正相关关系依然存在（王维等，2015）。邓曦东等（2016）选取 2011 年至 2013 年中国 A 股高新技术企业上市公司为样本，也证明了研发投入与企业价值显著正相关。王维等（2016）以 2011—2014 年信息技术业上市公司面板数据为样本，不仅证明了研发投入对当期的企业价值有显著正向影响，而且也发现研发投入对滞后一期的企业价值依然有显著正向影响。郝婷等（2016）选取 2009—2013 年沪深 A 股上市的 132 家医药制造业公司展开分析，同样证明了研发投入对企业价值产生正向影响，而且也证明了研发投入对企业价值的影响具有滞后效应，滞后期为一期。对创业板的上市公司而言，研发投入与企业价值之间显著的正相关关系依然存在。冯梓洋等（2014）认为创业板上市公司的技术创新会带来绩效提高的结果，尤其是企业研发投入对企业业绩具有显著的正向作用。王同律（2004）研究发现，技术创新带来企业的市场预期回报率高于市场平均回报率，从而改变了企业未来现金流量的状态，在一定时期内保持现金流量的增长趋势，企业价值于是得到增长。朱乃平等（2014）实证检验技术创新投入与企业财务的关系，得出技术创新投入与企业短期财务状况正相关。韩先锋和董明放（2017）采用门槛回归方法，实证检验得出技术创新资本投入与企业价值之间呈显著“N”型关系，即只有当技术创新资本投入水平超过一定门槛值时，才能对企业价值产生显著促进作用。

二是技术创新与企业绩效方面。关于技术创新对企业绩效的影响，大多数研究表明，技术创新能力可以促进企业绩效的提升，在企业竞争中发挥核心优势，但也有研究表明，技术创新会对企业绩效产生负向或无相关作用。

第一，在正向作用方面，部分学者有如下研究，如 Klette（1996）通过研究发现，技术创新活动对企业绩效有正相关作用，技术创新活动在企业各个环节中发挥着重要的作用。Deng 和 Narin（1999）指出要想让企业在竞争中脱颖而出，就必须重视技术创新，其研发投入与企业良性成长有着密不可分的关系。Rogers（2001）通过研究表明，企业绩效与技术创新有直接关系，而研发活动又是技术创新的关键要素。Hall（2007）通过研究得出，创新投入多少与企业绩效高低有正向关系。李宝新和岳亮（2008）通过对我国 350 多家企业调查发现，企业的创新活动与企业绩效存在显著正相关关系。朱乃平（2014）以我国高科技企业作为研究样本，研究指出技术创新活动对企业的长短期绩效均起到促进作用，有显著正相关关系。李玲（2014）以主板中小板上市公司为研究样本，研究指出企业的创新研发活动投入与企业绩效存在正相关关系。苏晓华（2015）以我国信息行业中的上市公司为研究样本，研究指出技术创新对企业绩效有促进作用。杨楠（2015）以我国不同行业的上市公司为研究样本，研究指出技术创新能力可以对滞后 1 年的企业绩效产生促进作用，有显著正相关。王喜刚（2016）以我国制造企业为研究样本，研究指出不同维度的创新——组织方面的创新、技术方面的创新、产品方面的创新、工艺流程方面的创新，都会对企业绩效产生显著正向作用。杜昱锦（2017）以中小板上市企业为研究样本，研究表明无论是在高竞争还是低竞争行业中，企业的创新研发活动投入对企业绩效有着显著正相关关系。刁文源和白玉（2018）表明中小型科技企业创新支撑体系由支撑供应商价值链、企业内价值链、渠道价值链与顾客价值链等四大环节有效运转的支撑因素和驱动中小型科技企业技术创新与价值创造的动力源共同构成。郭骁（2018）认为如果企业的成功不是依赖个别源自创新网络的“创意”，而是源于良好的制度建设，那么中小企业的持续增长就具有了内生机制，这种内生机制就是“组织资本”，组织资本是企业内部的一种制度设计，它将影响到创新战略的实施，并最终影响到企业绩效，良好的组织资本设计是利用创新网络来提升企业绩效的催化剂。李金生（2019）认为研发团队合作沟通对企业绩效有正向作用。涂晶（2019）表明，商业模式对企业绩效存在显著正向影响，技术创新对商业模式创新存在显著正向影响，技术创新对企业绩效存在显著正向影响；商业模式对企业绩效的影响最大，技术创新对商业模式创新的影响次之，技术创新对企业绩效影响最小。

第二，在负向或无相关作用方面，Zhang 和 Xu（2004）以日本企业为研究样本，研究表明企业的创新活动会对企业绩效有负向作用。Oswald（2008）以英国企业为研究样本发现，创新研发的支出费用与企业绩效并没有相关关系。Koellinger（2008）以欧洲企业为研究样本，研究表明企业创新活动的投入与企业绩效并没有显著相关关系。郭斌（2006）以软件企业为研究样本，得出创新研发程度越高对企业绩效抑制越明显。周亚红和王淑芳（2008）以电子信息行业为研究样本，研究表明企业创新活动的投入与企业绩效没有显著相关关系。陆国庆（2011）以我国中小板上市公司为研究样本，研究表明企业中对创新人才的投入与企业绩效存在负相关关系。蔡瑞林和戴克清（2019）构建了协同创新网络下产品语义设计提升产品开发绩效的研究框架，并利用服装鞋帽等 5 个消费品制造行业的问卷数据验证了相关假设，结果表明产品语义设计在协同创新网络与产品开发绩效之间起中介作用，产品语义设计与产品开发绩效之间的显著正相关关系受到产品新颖度的正向调节。而竞争性沟通和回避型沟通对企业绩效具有负效应，知识在沟通中起中介作用，因此建议建立资源共享机制，提供知识共享平台（李金生，2019）。

第3章　制度背景与理论分析

3.1　宏观层面：信贷政策的支持与信贷配置扭曲

信贷政策是宏观经济政策的重要组成部分，是中国人民银行根据国家宏观调控和产业政策要求，对金融机构信贷总量和投向实施引导、调控和监督，促使信贷投向不断优化，实现信贷资金优化配置并促进经济结构调整的重要手段。近年来，我国也出台了一系列具体的信贷政策。2013 年 7 月，中国人民银行决定进一步推进利率市场化发展，全面放开金融机构贷款利率管制，由金融机构根据盈利状况、市场动态等信息在中央银行基准利率的基础上自行调节利率水平。这一举措有利于优化金融资源配置，进一步支持经济结构调整和转型升级。2015 年，中国人民银行牵头有关部委联合制定《关于促进互联网金融健康发展的指导意见》，该《意见》旨在鼓励金融创新，促进金融健康发展，明确监管责任，规范市场秩序。《国务院关于推动创新创业高质量发展打造“双创”升级版的意见》国发〔2018〕第 32 号文件第 24 条规定，有必要引导金融机构有效地服务创新创业融资的需要。加快城市商业银行转型，回归小微企业等实业，提高风险识别和定价能力；推动大中型商业银行实施设立包容性金融业务单位，支持有条件的银行设立科技信贷特许经营业务单位，提高服务创新创业企业的专业水平。2018 年 7 月 20 日，“一行两会”发布了资管新规配套细则这一信贷政策，资管新规的落地促使金融整改和转型。此外，在保持金融业稳定、防范重大风险方面，央行还将采取措施持续开展金融风险专项整治等。央行于 2018 年 12 月明确提出中国人民银行将继续坚持稳中求进工作总基调，遵循金融发展规律，紧紧围绕服务实体经济、防控金融风险、深化金融改革三项任务，把为实体经济服务作为出发点和落脚点，全面提升服务效率和水平，把更多金融资源配置到经济社会发展的重点领域和薄弱环节，抓好政策措施落地，进一步加大对民营和小微企业的金融支持，缓解民营和小微企业融资难题。2019 年初，央行开始下调存款准备金率，银行的新一年度信贷政策也逐渐明朗化。《21 世纪经济报道》记者采访多家银行信贷人士，发现银行信贷趋势在 2019 年发生了变化，小微、民企将是重点投放对象。

企业技术创新过程复杂而又持久，大都是高级研究人员参与，且企业创新的研究手段多为高技术含量的机器设备，其研发方向也存在反复调整等不确定性。可以看出，企业创新活动对激励的依赖是自然的，信贷支持是一种极其有效的外部激励。国家信贷政策对企业创新活动的外部激励作用，也会逻辑地传导至企业内各项制度，进而影响企业内有关创新激励政策的制定。信贷政策可以看作是由中央银行制定，用以引导金融机构信贷投向并通过调整经济杠杆影响经济主体行为的政策体系，其调控目标为提振经济发展；信贷政策也是调整实体经济的重要手段，具有弹性、灵活性、应急性和阶段性特征。技术创新活动作为企业可持续发展的重要战略，具有显著的外溢性，即企业的投入不一定能实现企业期待的产出，同时技术创新易受外部政策环境因素的影响，例如：竞争对手的抄袭行为、产权保护政策薄弱、市场需求的变动等。企业投资行为，尤其是技术创新投资行为，由于其天然所固有的高风险、投入大等特征，相应地会受到政府信贷政策的支持。

信贷资源配置主要指银行等金融机构将尽可能在考虑流动性、安全性以及收益性的基础上将信贷资源分配给不同地区、行业以及企业的过程。任何产品都应该在供需关系的双向影响下达到市场均衡，信贷市场亦是如此。信贷市场需要在资金供给和需求共同决定的均衡利率水平下，达到市场出清。然而，信贷配置理论却发现，在信贷市场中只有一部分人或企业能够借到钱，而另一些借款人即使愿意付出更高的利率水平（信贷市场的产品价格）也无法获得足够的信贷资源。风险分担和不确定性理论对这一特殊市场现象的形成给予了解释，由于风险和不确定性因素导致信贷资源的供给曲线并非线性，在利润最大化原则下，如果银行接受高风险项目的信贷合约可能造成的巨额风险损失（如逆向选择和道德风险负收益）远高于其提高利率所带来的收益时，信贷配置现象便会产生（Bester，1987）。此时，银行能做的选择只能是限制贷款的总规模和供给，从而将一些高风险融资者“挤出”市场，从而形成信贷配置。我国的金融市场与金融体系以银行为主导，银行的信贷资金配置效率在很大程度上决定了金融对经济增长的促进作用与促进效率。当前在我国经济转型期间，为推进创新驱动，激发企业创新动力，提高企业自主创新能力已经成为当务之急，信贷资源的合理配置可以为企业创新活动提供基础平台，鼓励企业进行技术创新。

对于实体经济，我国坚持创新驱动发展战略，加大技术创新服务，加强金融信贷对企业技术创新的支持力度，围绕“科创中心”建设，有序推动信贷供给金融服务创新，支持创新驱动发展。与以往不同，新时代政府部门将用信贷政策引导技术创新摆在首要位置，进而推动经济可持续发展。然而，在中国的制度环境下，商业银行对国有企业和大型企业的信贷资源过度集中，这是对信贷资源配置的扭曲，必然会对企业技术创新活动产生影响。

3.2 中观层面：供应链集中度的形成

在供应链竞争时代，企业寻求外部创新资源的视角已经延伸到供应链上下游，供应商和客户是企业获取外部创新资源的重要来源。2017 年，国务院办公厅印发了《关于积极推进供应链创新与应用的指导意见》国内发〔2017〕84 号（以下简称《意见》），这是我国第一次印发供应链建设与发展相关的政策指导意见，首次将供应链创新作为促进政府治理方式创新、商业模式变革、产业组织方式优化的重要工具，为产业发展、企业变革提供了全新的方向。供应链创新与应用自此上升为国家战略层面，随着新型供应链开发技术及新模式的产生，中国在全球供应链的应用与创新中占有重要地位。

在当前市场环境下，企业同上下游的联系更加紧密，企业各项决策的制定也绝不能仅仅从其自身角度考虑，从供应链整合的角度出发，就需要同时考虑供应商与客户这些外部利益相关者的影响，尤其当企业的供应商或客户相对集中时，企业间的联系更加紧密，本企业对于供应商或客户的依赖性更强。此时，外部利益相关者对于企业经济活动的干扰能力更强。如李艳平（2017）认为从系统论角度分析，供应链管理比较重要；从经营活动的管理效率角度，企业期望通过供应链集中提升企业经营活动中主要资产的管理效率，尤其是存货管理效率；从经营活动的投入产出角度，企业期望通过供应链集中能在一定程度上降低企业的相关成本费用，并增加企业的市场份额；从经营活动的综合绩效角度，企业期望通过供应链集中对上述经营活动的管理效率和经营活动的投入产出产生积极影响，进而提高企业的资产回报率，并使企业保持并创造核心竞争力，在残酷的经济竞争中立于不败之地。因此，当代市场竞争已不再是单纯的企业之间的竞争，通过加强同供应链上下游企业之间的联系，实现供应链整体绩效的最佳效果才是企业未来的发展之路。

为了适应复杂和全新的经济环境，减少原材料供给和市场需求所带来的不确定性，加强产品从原材料采购、生产、流通到销售整个过程的全程控制，产品制造商通过与上下游企业的合作或兼并，建立了以自己为主导地位的供应链系统，实现了“纵向一体化”的供应链管理模式，在激烈的市场竞争中，“纵向一体化”管理可以增强企业的竞争能力，适应市场环境的快速变化，同时也将与上下游企业的竞争关系变为合作和竞争并存的双重关系，实现供应链企业间的“双赢”。例如：海尔集团从1988年开始就提出要注重供应链管理，以优化供应链为中心，在全集团范围内对原业务流程进行重新设计和再造，与国际化大企业全面接轨，这强化了企业市场应变能力，大大提升了海尔的市场反应能力和竞争能力，保证了企业的可持续发展，使其通过全球供应链参与国际竞争成为可能。

此外，已有研究表明，供应商和客户的异质性资源对于企业创新活动产生影响。在企业界，以创新闻名于世的苹果公司，有效地利用了芯片供应商、电子类供应商、软件供应商等异质性资源，并充分地整合客户需求、客户偏好等异质性资源，激发企业创新意识。因此，企业在制定创新战略时，要全面考量如何通过调整供应链集中度，把供应商异质性资源和客户异质性资源有效地运用到企业创新中，从而促进企业创新。企业要在给予供应链关系管理充分重视的基础上权衡成本和收益，保持恰当的供应链集中度（许江波等，2018）。潘越等（2015）研究称企业的创新活动作为一个长期计划，要求其于很长的一段时间内持续地投入研发资金。供应商对于企业利润的侵占增大了企业内部现金压力，减少了可用于创新研发的资源，阻碍了企业创新活动的展开。对于供应链集中度较高的企业，应通过一系列途径削弱供应链集中度，例如多元化经营、增加供应商竞争水平等，达到增强企业议价能力与决策自主权、促进企业绩效提高的目的。此外，企业还要重视供应链的外部整合与内部控制建设，以强化企业供应链的内部整合水平，充分发挥内部控制与供应链集中度和企业绩效之间的关系的调节效应。强化企业内部控制实施，对于进行供应链管理以降低企业成本来说显得尤为重要。

3.3 微观层面：高管团队异质性的发展

高管团队异质性是指团队成员性别、年龄、教育背景、职业经历等方面的差异（韩庆潇等，2017）。高管团队的异质性客观存在，尤其伴随经济的迅猛发展，企业高管团队异质性更加显著。

Hambrick（1995）提出了高管团队这一学术概念，现已普遍为学者接受并使用，由于对高管团队异质性如何对技术创新绩效产生影响尚未达成共识，因此，学者们的研究热点也从早期以决策者个人特征、领导风格等为主的个体研究向高管团队研究转变。现有高管团队异质性如何影响企业技术创新的研究观点主要分成两种：一种是高管团队异质性所带来的具有差异性的群体背景和价值观念，使团队成员低效沟通的概率更高，进而导致团队凝聚力降低，最终使企业技术创新绩效下降（谢凤华，2008）。另一种认为，高管团队异质性可使团队掌握更多技能，从而使信息搜集与吸收效率提高，进而增强企业决策质量（祝爱民、徐晓惠，2016）。王钰等（2017）认为高管团队异质性能使团队中的观点更多元化，能有效把握更为全面的信息，有利于把握市场机遇，使整个高管团队处理问题的能力得到增强，从而提高企业的绩效。高管团队的异质性能使团队拥有更好的处理信息能力、更广泛的信息来源，从而提升企业的绩效（罗沛，2017）。郝静琳等（2016）提出企业绩效主要受高管团队异质性特征的影响。其中，高管团队年龄异质性有利于不同年龄阶段的管理者发挥自身的优势，较为年长的管理者善于风险的把控，而较为年轻的管理者不受传统思维的限制，能够提供创造性的思维。职业背景异质性使具有不同职业的高层管理者结合自身岗位与职业经验，在制定决策、选择方案时更加可靠、高效。教育水平异质性，可以实现成员间的优劣势互补，产生更多新观点，提供更多合理的解决方案。任期异质性越大，越不易受到企业传统运营模式的禁锢，有利于企业创新发展。由此，以高管团队视角研究驱动企业技术创新的因素，使团队力量得到强化，促进企业增强技术创新发展水平与企业内在核心竞争力至关重要。但在影响企业创新的众多因素中，学术界日渐发现，高管这一核心领导力量在企业创新中发挥着举足轻重的作用。

根据高层梯队理论，高管团队研究关注的是整个高层管理团队，强调的是高管团队的认知结构和心理结构对企业决策以及绩效的影响。在多样化的群体中，社会类化的过程会使团队凝聚力下降、加剧团队内部冲突。信息决策理论认为，决策过程中群体产生的分歧都会成为有价值的决策资源（韩立丰、王重鸣，2010），因为群体成员调和不同观点的过程也是一个学习和分享的过程，这有利于提高成员的学习能力，激发成员的创造力和创新思维，帮助团队处理非常规的任务并做出富有创造性的决策（Dahlin Weingart，2005）。

在企业创新过程中，相较于公司治理结构、经营复杂性等因素，“人”作为企业技术创新的主体，发挥着至关重要的作用。企业经营以“人”为主体，如高管是企业内部控制的实施主体，同时还承担内部控制建设和保持内部控制有效性的核心责任。而高管团队成员背景特征会对其行为理念、价值观等产生影响，进而影响高管团队决策和公司行为。高管团队异质性必会影响技术创新这一高管团队主导的重要活动的安排。高管团队年龄的差异性能够让不同年龄段的高管成员站在不同的立场提出各自的见解，不同思维模式的交流碰撞使得成员洞察到外部环境的变化并及时有效地制定和调整战略决策，创新性地提出问题解决方案，增加了决策方案多样化选择，提升决策质量（吴永杰，2018）。高管团队成员对学习知识的重视程度增加，成员之间的教育水平层次在逐渐缩小，知识的积累与管理经验的结合，使得成员对环境变化的感知更加敏锐，对信息的挖掘能力更强，制定的决策更加完备，有效增强了组织协调柔性，对于提高企业的竞争力具有重要意义。高管成员多样化的职业背景丰富了团队的知识技能与职业经验，有利于团队内部建设性辩论与认知冲突的发生，使团队成员易于接受新的思维，创新性思考产生更加科学的方案，这些都促进了动态能力的提升。高管团队成员在年龄上的差异性最终反映在思考问题的方式以及对待问题的态度上，这些差异性的存在使得团队之间形成互补，从而对决策方向产生影响。高管团队成员的任期差异反映了团队成员的在职时间，这可以体现出高管团队成员对公司情况的认知及其对之前所参与决策的趋同惯性。即新成员或许更倾向变革，老成员更可能会固守，二者间的博弈，使企业决策在稳定发展的基础上创新。教育水平会影响团队成员的性格、习惯、思维方式以及学习能力（刘兵等，2015）。教育异质性使高管团队获得多元化信息，这能够强化其透过现象看本质的能力（罗沛，2017）。

第4章　内部控制与企业技术创新

4.1　引言

企业技术创新具有高风险性、创新产出周期长等特征，长期以来我国企业存在自主技术创新动力不足，创新研发投入强度有待提高等现象（李兴，2018）。

因委托代理关系中企业委托人和代理人之间存在信息不对称，管理层出于个人职务升迁、薪酬提升等动机，为了规避风险投资失败导致的个人声誉等损失（潘孟，2018），往往不倾向于进行风险较高的技术创新，或在技术创新活动中实施最大化个人私利的利益侵占行为（杨清香和廖甜甜，2017）。同时，企业风险承担水平与技术创新呈显著负相关，风险承担水平越高，越不利于企业技术创新（南楠等，2016）。因此，如何缓解企业技术创新过程中的信息不对称、抑制管理层自利、降低企业风险承担水平，对于促进企业技术创新尤为重要。

内部控制作为企业内部重要的风险管控机制，内嵌于企业技术创新过程，对于企业技术创新的风险防范发挥重要作用（张晓红等，2017）。2017年COSO《企业风险管理框架》将风险管理融入治理过程，企业内部控制建设显得尤为重要。已有关于内部控制对企业技术创新影响的研究，主要分为"内部控制促进论"与"内部控制悖论"两个学派，不同结论可能源于研究对象属不同类型企业，存在研究场景的差异。那么，内部控制对于企业技术创新决策、技术创新投入、技术创新产出等系列过程存在怎样的作用机制？内部控制五要素对于企业技术创新的影响程度是否存在差异？高质量的内部控制能否缓解企业信息不对称并抑制管理层自利？对于降低企业技术创新中的风险承担水平是否有效？已有研究尚不充分。

鉴于此，本书基于内部控制内嵌于企业技术创新过程的视角，研究了内部控制对企业技术创新的影响机理，内部控制缓解信息不对称、抑制管理层自利、降低企业风险承担水平进而影响技术创新的作用机理。进一步探究内部控制五要素对于企业技术创新影响程度的差异，内部控制缺陷及其修复对企业技术创新影响的异质性，有助于丰富内部控制与企业技术创新相关研究，对于企业加强内部控制建设、提高技术创新力具有重要参考价值。

本书以2010—2018年沪深两市A股制造业企业为样本，从技术创新投入、技术创新产出和技术创新效率三个方面考察企业技术创新，研究了内部控制对企业技术创新的影响机理。实证结果表明，内部控制质量的提高对于企业创新投入影响不显著，对于企业技术创新产出和技术创新效率均存在显著正向影响，内部控制能够缓解企业信息不对称、抑制管理层自利、降低企业风险承担水平，进而促进企业技术创新。进一步地，内部控制五要素中，控制环境对于企业技术创新产出和技术创新效率的影响较显著，风险评估对于企业技术创新效率的影响较显著，内部监督对企业技术创新三个变量存在正向影响，但影响不显著。内部控制缺陷对企业技术创新存在显著负向影响，内部控制缺陷修复能够促进企业技术创新。本书贡献主要体现在以下两个方面：①通过研究内部控制，缓解企业信息不对称、抑制管理层自利、降低企业风险承担水平，进而影响企业技术创新的作用机理，丰富了内部控制影响企业技术创新的相关文献；②探究了内部控制五要素对企业技术创新影响程度的差异，内部控制缺陷及其修复对企业技术创新的影响异质性，拓展了内部控制对企业技术创新影响研究的深度。同时，为企业明晰加强内部控制建设以促进技术创新的着力点提供了理论依据。

4.2　理论分析与研究假设

4.2.1　内部控制对企业技术创新的影响

2013年，COSO修订了《内部控制——整合框架》，增列17项原则，其中一项要求企业致力于吸引、开发和留住人才，以配合企业目标的达成，由此，企业技术创新过程中，健全有效的内部控制能够制定和实施有利于企业技术创新实践的人力资源政策，构建较合理的人力资源激励约束机制，为企业技术创新提供人力资源支持，助力企业技术创新（韩少真，2015）。此外，企业非效率投资分为两类：一是管理层机会主义引致的非效率意愿性投资；二是企业因知识、信息、资金、人员等约束引致的非效率操作性投资。而公司治理是现代企业监督和控制的重要制度安排，较好的公司治理机制有助于抑制管理层意愿性投资的短视行为，并利于缓解非效率操作性投资的负面影响（方红星和金玉娜，2013），相应地，内部控制作为规范公司治理结构的制度保障（李维安和戴文涛，2013），亦能够降低企业创新投资风险，缓解企业非效率投资现象（傅贤治，2006）。

企业技术创新具有投入大、风险高、回收期长等特征，其对公司利益相关方均会产生重大影响。企业内部代理问题对技术创新有重要影响（Matthew Connor，2012），各方利益和目标差异引致的代理冲突会影响企业技术创新决策，制约技术创新投入。我国的《企业内部控制应用指引》，专门提出了对公司研发项目立项、研发人员配备、研发过程管理、研发成果转化等技术创新过程的控制。较高质量的内部控制能够促进企业资金、物力、人力等资源的合理分配，维护交易公平公正，进而推动企业创新项目的开展（赵莹等，2018），具体地：①内部控制能够缓解管理层和股东之间的代理问题（潘颖等，2015）。内部控制是由董事会、监事会、经理层和全体员工执行的重要制度安排，有效的内部控制能够实现恰当激励与适度监督的平衡，既能有效激励管理层，使其决策行为与企业技术创新目标保持一致，又能适度监督管理层，抑制其道德风险、逆向选择行为，促进企业技术创新决策。②内部控制可以有效缓解控股股东与中小股东之间的代理问题（李万福等，2011）。内部控制能够减少内幕交易，有效监督关联交易，抑制控股股东掏空上市公司的行为，促进企业技术创新。③内部控制信息披露能够有效协调控股股东技术创新等长期发展目标与中小股东短期收益之间的利益冲突，降低中小股东“用脚投票”导致的股价波动风险，利于企业长期发展的技术创新活动，获得全体股东的认可，进而促进企业技术创新。由此，提出假设 H4-1：较高质量的内部控制，能够促进企业技术创新。

4.2.2 内部控制影响企业技术创新的路径分析

1. 内部控制缓解信息不对称影响企业技术创新

信息不对称会影响企业进行有效投资（肖珉等，2014），相较于一般投资项目，技术创新活动具有风险性高、技术含量高等特点，投资者不易分辨出技术创新项目的优劣，信息不对称会在一定程度上降低技术创新项目实施的可能性（王福胜等，2017）：一是技术创新活动事前的信息不对称，会导致企业客观上无法获得充足的资金支持用于技术创新，即企业因融资约束问题被迫放弃技术创新；二是技术创新活动实施过程中，委托方和受托方之间存在信息不对称，易引发道德风险和逆向选择问题；三是技术创新活动事后的信息不对称，会导致企业管理者不倾向于继续进行技术创新活动，即技术创新活动因代理问题而无法顺利进行，严重降低企业技术创新效率（廖雅等，2010；韩美妮等，2017）。

内部控制能够有效降低企业契约各方的信息不对称程度（李辉等，2015），进而影响企业技术创新，具体地：①过度自信的企业管理者倾向于选择激进的会计政策，加重企业与投资者之间的信息不对称程度（邢维全和宋常，2015），有效的内部控制作为企业应对经营风险、实现有序经营的重要手段，能够有效缓解管理者过度自信引致的信息不对称，削弱管理者过度自信对企业非效率投资的影响，促进企业技术创新投资等投资活动效率提高（谢众和孔令翔，2018）；②较高质量的内部控制有助于提高企业对外披露的信息质量，利于信息传递功能及信息治理效应的发挥（李万福等，2011；方红星和金玉娜，2011），如内部控制质量的提高能够提高企业财务报告质量，缓解信息不对称，降低投资者信息风险（树成琳，2016），有利于企业获取较低成本的股权与债权资金，缓解融资约束，为技术创新提供物力资源支持（潘颖等，2015）；③较高质量的内部控制可以通过合理分配人力资源和物力资源，从企业内部业务流程的角度，及时监控并降低信息不对称风险，为创新活动的开展提供保障（Cheng S，2004；Kato T，Long C，2011）。由此，提出假设 H4-2：较高质量的内部控制能够缓解企业信息不对称，进而对技术创新产生促进作用。

2. 内部控制抑制管理层自利影响企业技术创新

根据委托代理理论，委托人与代理人之间的效用最大化目标不一致。一方面，代理人倾向于追求个人薪酬、在职消费等自我利益最大化，若监督约束机制不健全，则会发生利用职务之便谋取私利的机会主义行为（徐宁，2013），引致管理层做出有悖于企业价值最大化的决策行为（赵莹等，2018）。另一方面，企业管理层因追求任期内个人利益最大化，倾向于进行短视的投资行为，回报快、成本低、风险小的项目往往是其最优选择，而对于投资风险较大、回收周期较长的创新项目的投资不足（刘晓慧等，2018）。

有效的内部控制能够制约管理层自利行为（刘西国等，2018），进而影响企业技术创新，具体地：①制衡性原则是内部控制的重要原则之一，有效的内部控制在机构设置、权责分配、治理结构等方面发挥制衡性作用（马影等，2019）。管理层是企业组织架构的重要组成部分，相应地，企业技术创新过程中管理层自利行为会受到内部控制的制约。②内部控制质量较高的公司，其运营更为合法合规，如杨丹等（2013）通过研究股权代理成本问题发现，较高质量的内部控制有利于约束管理者的自利行为，降低管理层自利动机，从而抑制第一类代理成本的产生。同时，较高质量的内部控制能够约束控股股东非经营性资金占用，降低投资机会的价值不确定性（林钟高和叶家珠，2018）。③从缓解利益相关者冲突角度，较高质量的内部控制有助于缓解委托人与代理人之间的代理问题（韩岚岚和马元驹，2017），对企业技术创新具有积极作用（韩少真，2015）。由此，提出假设 H4-3：较高质量的内部控制能够抑制管理层自利，进而促进企业技术创新。

3. 内部控制降低企业风险承担水平影响技术创新

企业进行技术创新是获得核心竞争力的重要途径，降低技术创新风险是企业获得创新价值的必然（李海燕，2017）。企业较低的风险承担水平能够促进管理层投入更多的创新资源（Clegg，2002），如南楠等（2016）研究发现若企业受到媒体负面报道，则其风险承担水平会升高，相应会减少其未来创新投入水平。

美国政府出台的《萨班斯法案》（SOX）中的第 404 条要求公司及时对自身内部控制进行评估，并对外发布内部控制自我评价报告，这在一定程度上抑制了企业实施高风险投资项目（Leonce，2010）。较高质量的内部控制能够识别出可能存在的风险，及时识别、评估和控制风险，降低风险发生率，从而降低企业的风险承担水平（余明桂等，2013；吴宇等，2015；余瑞娟，2016；冯根福等，2012；韩馥桧，2018），进而促进企业进行技术创新（韩少真，2015）。具体地：①技术创新的高风险特征严重阻碍企业进行技术创新，而较高质量的内部控制，通过对企业的组织架构、业务流程等进行调整、约束、规划、评价和控制等，能够降低企业经营风险、系统风险与特质风险的承担水平（方红星和陈作华，2015；李辉等，2015），并抑制企业未来运营风险的增长趋势（Wong，2014），且随着经营风险的增加，内部控制对经营风险承担水平的降低作用更显著（高明华等，2010），由此，内部控制质量的提高能够促进企业进行技术创新；②现代企业经营权与所有权分离，存在委托代理问题，企业管理层在进行技术创新决策时，会存在最大化自我利益的道德风险与逆向选择问题，内部控制能够缓解代理问题，降低企业风险承担水平，抑制企业非效率投资行为（赵小刚，2018），相应地促进企业技术创新投资。由此，提出假设

H4-4：较高质量的内部控制能够降低企业风险承担水平，进而促进技术创新。

4.3 研究设计

4.3.1 样本选择与数据

本书以2010—2018年沪深两市A股制造业上市公司为初选样本，剔除：①ST等T类公司；②研究所需内部控制及企业技术创新等相关数据缺失的上市公司，最终得到5926个样本观测值。主要数据来源如下：CSMAR数据库、RESSET数据库和Wind数据库等。并对连续变量进行上下1%的Winsorize缩尾处理，运用stata14.0进行数据处理。

4.3.2 变量选取

1. 被解释变量

Tech：企业技术创新，包括技术创新投入（RI）、技术创新产出（Invent）、技术创新效率（Ineff）三个变量。技术创新投入RI用企业R&D投入/当期主营业务收入来计算；技术创新产出（Invent），借鉴冯飞鹏（2018）的做法，采用发明专利申请数量表示；技术创新效率Ineff用曼奎斯特指数法求出，采用创新投入/创新产出来表示。

2. 解释变量

ICI：内部控制，用于表示企业内部控制质量。借鉴已有研究，采用迪博·中国上市公司内部控制指数的自然对数来表示。

3. 控制变量

主要选取公司规模（Size）以期末总资产的自然对数来衡量；公司成长性（Growth）变量用公司年营业收入的增长率来衡量，公司成长性越显著，在技术创新等成长发展时，越容易出现各种各样的问题；上市年数（Age）是指当年公司上市的年数，上市时间比较长的公司，企业发展时间比较长；总资产净利润率（Roa）体现了自有资本获得净收益的能力，用净利润/平均总资产衡量，指标值越高，说明投资带来的收益越高；资产负债率（Lev），是用以衡量企业利用债权人提供资金进行经营活动的能力以及反映债权人发放贷款的安全程度的指标，通过将企业的负债总额与资产总额相比较得出；流动比率（Cur）以期末流动资产在流动负债中的占比表示；总营业成本率（Cost）以期末营业总成本与营业总收入的比值表示；资本支出（Capi）以当年购建（固定资产+无形资产+其他长期资产）的现金支出表示。股权性质（Soe）变量为哑变量，最终控制人为国有则为1，否则为0。此外，还设置了年度（Year）虚拟变量，控制年度影响。具体变量定义见表4-1。

表4-1 主要变量

变量类型	变量名称	变量符号	变量含义
被解释变量	技术创新投入	RI	企业R&D投入/当期主营业务收入
	技术创新产出	Invent	用发明专利申请数量表示
	技术创新效率	Ineff	曼奎斯特指数法求创新效率，创新投入/创新产出
解释变量	内部控制	ICI	迪博·中国上市公司内部控制指数的自然对数
控制变量	公司规模	Size	期末总资产的自然对数
	公司成长性	Growth	公司年营业收入的增长率
	上市年数	Age	截止到统计当年公司上市的年数
	总资产净利润率	Roa	净利润/平均总资产
	资产负债率	Lev	期末总负债/总资产
	流动比率	Cur	期末流动资产/流动负债
	总营业成本率	Cost	期末营业总成本/营业总收入
	资本支出	Capi	当年购建（固定资产+无形资产+其他长期资产）的现金支出
	股权性质	Soe	哑变量，最终控制人为国有则为1，否则为0
	年度	Year	年度虚拟变量

4.3.3　模型构建

1. 内部控制对企业技术创新的影响检验

为检验内部控制对企业技术创新的影响，构建回归模型（4-1）。

$$Tech = \alpha_0 + \alpha_1 ICI + \alpha_2 Size + \alpha_3 Growth + \alpha_4 Age + \alpha_5 Roa + \alpha_6 Lev + \alpha_7 Cur + \alpha_8 Cost + \alpha_9 Capi + \alpha_{10} Soe + \sum Year + \varepsilon \quad (4-1)$$

其中，Tech 表示企业技术创新，包括技术创新投入（RI）、技术创新产出（Invent）和技术创新效率（Ineff）三个特征变量。α_i，i=1，2，…，10 表示变量系数，ε 是随机干扰项。根据假设 H4-1，预期 ICI 项的系数 α_1 显著为正，即内部控制质量越高的企业，越倾向于进行技术创新。

2. 内部控制影响企业技术创新的路径检验

（1）内部控制缓解企业信息不对称

信息不对称（Uninfor），参照 Hutton 等（2009）的做法，公司操纵性应计绝对值越大，信息不对称程度越高，采用修正 Jones 模型残差的绝对值度量信息不对称程度。以信息不对称变量 Uninfor 为因变量，构建模型（4-2）。

$$Uninfor_{i,t} = \alpha_0 + \beta_{1,t} ICI_{i,t} + \beta_{2,t} Control_{i,t} + \varepsilon_{i,t} \quad (4-2)$$

其中，$Control_{i,t}$ 表示各控制变量，$\beta_{1,t}$，$\beta_{2,t}$ 为变量系数，根据假设 H4-2，预期 $ICI_{i,t}$ 项的系数 β_1 显著为负，即内部控制能够缓解企业信息不对称程度。

（2）内部控制抑制管理层自利

管理层自利（Managerself），借鉴李晓慧等（2019）的研究，采用企业异常管理费用率来度量企业管理层自利，该费用率越高，意味着管理层花费于个人消费的相对费用越高，运用公司管理层在职消费中 6 项费用（差旅费、业务招待费、出国培训费用、董事会会议费用、会议费、小车费）之和与销售收入之比的模型估计残差 ε 来度量管理层自利，具体模型估计为：$Perk/Sales = \alpha_1 + \beta_1 lnTotal\ Comp + \beta_2 lnAsset + \beta_3 lnTotal\ IncPerCap + \varepsilon$。其中，Perk/Sales 为在职消费中 6 项费用之和与销售收入之比，lnTotal

Comp 为职工薪酬总额的自然对数，lnAsset 为总资产账面价值的自然对数，lnTotal IncPerCap 为企业所在地区人均总收入的自然对数。以管理层自利变量 Managerself 为因变量，构建模型（4-3）。

$$\text{Managerself}_{i,t}=\alpha_0+\beta_1\text{ICI}_{i,t}+\beta_2\text{Control}_{i,t}+\varepsilon_{i,t} \tag{4-3}$$

根据假设 H4-3，预期 $\text{ICI}_{i,t}$项的系数 β_1 显著为负，即内部控制能够抑制管理层自利。

（3）内部控制降低企业风险承担水平

为考察内部控制对企业风险承担水平的具体影响，以风险承担水平变量 $\text{RiskT}_{i,t}$为因变量，企业风险承担水平（RiskT），借鉴余明桂等（2013）的研究，采用股票回报率的波动性来衡量风险承担水平，具体计算采用企业经行业调整后的股票回报率（Stk_Return）在 5 年内（t-2 年至 t+2 年）的标准差表示。其中，借鉴解维敏和唐清泉（2013）的研究，经行业调整后的股票回报率=企业当年股票回报率-当年该企业所处行业内所有企业股票回报率的平均值。该股票回报的波动性越大，企业的风险承担水平越高（John 等，2008），构建模型（4-4）。

$$\text{RiskT}_{i,t}=\alpha_0+\beta_1\text{ICI}_{i,t}+\beta_2\text{Control}_{i,t}+\varepsilon_{i,t} \tag{4-4}$$

根据假设 H4-4，预期 $\text{ICI}_{i,t}$项的系数 β_1 显著为负，即内部控制能够降低企业的风险承担水平。

4.4 实证结果

4.4.1 描述性统计与组间比较结果

表 4-2 是变量的描述性统计与组间比较结果。以内部控制质量的中位数为标准，将 5926 家样本公司划分为内部控制质量较高组与内部控制质量较低组两组，其中内部控制质量较高组公司为 1238 家，占比约为 20.89%。结果显示，技术创新投入（RI）、技术创新产出（Invent）和技术创新效率（Ineff）在两组样本公司间差异较大。

表 4-2　描述性统计与差异检验

变量	内部控制质量较低组（N=4688）			内部控制质量较高组（N=1238）			均值差异
	均值	中位数	标准差	均值	中位数	标准差	
RI	0.108	0.105	1.856	0.191	0.029	1.090	-0.083*
Invent	0.311	0	0.968	0.652	10	0.765	-0.341*
Ineff	0.276	0.755	1.005	0.660	0.825	0.384	-0.384**
Size	19.161	18.139	1.253	22.662	21.608	2.250	-3.501
Growth	0.665	1.135	1.357	0.513	0.604	2.467	0.152
Roa	0.021	0.018	0.184	0.038	0.031	0.564	-0.017**
Age	14.092	11	3.790	11.823	10	4.393	2.269
Lev	0.384	0.362	0.731	0.341	0.354	0.903	0.043**
Cur	2.393	1.812	2.013	2.573	2.111	2.813	-0.180**
Cost	0.971	0.882	0.207	0.938	0.733	0.531	0.033
Capi	0.081	0.088	0.071	0.069	0.075	0.052	0.012*
Soe	0.742	0.546	0.926	1.505	0.933	1.087	-0.763

注：*、**和***分别表示在 0.1、0.05 和 0.01 的水平上双尾检验显著，下同。

此外，主要变量的 Pearson 相关系数表显示，解释变量内部控制（ICI）、各个控制变量与被解释变量技术创新投入（RI）、技术创新产出（Invent）、技术创新效率（Ineff）之间的关系都与预测相一致，且各变量之间的相关系数均小于 0.5，表明各变量间不存在严重的多重共线性问题，可以进行回归分析。

4.4.2　内部控制对企业技术创新影响的回归结果

表 4-3 是内部控制对企业技术创新影响的回归检验结果，因变量分别为企业技术创新投入（RI）、技术创新产出（Invent）和技术创新效率（Ineff）。

表 4-3　内部控制对企业技术创新影响的检验结果

变量名称	因变量 RI	因变量 Invent	因变量 Ineff
ICI	0.001* (1.655)	0.003* (1.747)	0.012** (2.132)
Size	-0.021 (-1.193)	-0.037 (-1.264)	-0.013 (-1.346)
Roa	0.012** (2.357)	0.017** (1.979)	0.024** (2.156)

续表

变量名称	因变量 RI	因变量 Invent	因变量 Ineff
Growth	0.018 (1.035)	0.017 (1.563)	0.019 (1.119)
Lev	-0.022** (-2.512)	-0.019** (-2.412)	-0.015** (-2.267)
Age	-0.016 (-1.146)	-0.013 (-1.559)	-0.014 (-1.548)
Soe	0.012* (1.759)	0.016* (1.843)	0.037* (1.651)
Cur	0.013** (2.209)	0.016** (2.317)	0.014** (2.422)
Cost	-0.014 (-1.419)	-0.015 (-1.334)	-0.021 (-1.507)
Capi	-0.016 (-1.209)	-0.013 (-1.124)	-0.033 (-1.544)
Constant	5.185*** (12.812)	3.122*** (7.598)	6.342*** (13.314)
Year	控制	控制	控制
N	5926	5926	5926
Adj R^2	0.235	0.261	0.272

注：*、**和***分别表示0.1、0.05和0.01的显著性水平，下同。

表4-3的结果显示：内部控制（ICI）与技术创新投入（RI）、技术创新产出（Invent）的系数在10%水平上显著为正，内部控制ICI对企业技术创新效率Ineff的影响系数在5%水平上显著为正，表明高质量内部控制能够促进企业技术创新，尤其利于企业提升技术创新效率，支持假设H4-1，原因可能在于较高质量的内部控制能够使技术创新流程更加规范，便于企业提升技术创新效率。

控制变量方面，公司规模（Size）、公司成长性（Growth）和上市年数（Age）与企业技术并购价值正相关，但不显著；总资产净利润率（Roa）与企业技术创新的三个特征变量显著正相关；资产负债率（Lev）与技术创新三个变量在5%水平上显著负相关，表明较高的资产负债会抑制企业技术创新。股权性质（Soe）与技术创新在10%水平上显著正相关，表明股权性质为国有的上市公司，内部控制对技术创新的影响较显著。

4.4.3 内部控制影响企业技术创新的路径检验结果

表 4-4 是模型 4-2、模型 4-3、模型 4-4 的回归检验结果，用于检验内部控制影响企业信息不对称（Uninfor）、管理层自利（Managerself）、风险承担水平（RiskT），进而影响企业技术创新的作用路径。

表 4-4　内部控制影响企业技术创新的路径检验结果

Panal A	RI 较高组			RI 较低组		
变量	Uninfor	Managerself	RiskT	Uninfor	Managerself	RiskT
ICI	-0.021** (-2.441)	-0.033* (-1.802)	-0.002* (-1.773)	-0.003 (-1.127)	-0.046 (-1.515)	-0.001 (-1.325)
Controls	控制	控制	控制	控制	控制	控制
Constant	4.023*** (7.023)	7.010*** (11.338)	5.827*** (9.438)	4.205** (2.431)	6.138** (2.544)	5.087* (1.469)
Year	控制	控制	控制	控制	控制	控制
N	2210	2210	2210	3716	3716	3716
Adj R^2	0.283	0.224	0.282	0.204	0.233	0.241
Panal B	Invent 较高组			Invent 较低组		
变量	Uninfor	Managerself	RiskT	Uninfor	Managerself	RiskT
ICI	-0.032** (-2.223)	-0.024* (-1.754)	-0.001* (-1.829)	-0.002* (-1.926)	-0.021 (-1.418)	-0.003 (-1.115)
Controls	控制	控制	控制	控制	控制	控制
Constant	4.113*** (6.803)	3.562*** (7.004)	7.462*** (13.812)	6.173** (2.332)	5.109** (2.443)	6.372** (2.002)
Year	控制	控制	控制	控制	控制	控制
N	2125	2125	2125	3801	3801	3801
Adj R^2	0.261	0.225	0.204	0.237	0.192	0.219
Panal C	Ineff 较高组			Ineff 较低组		
变量	Uninfor	Managerself	RiskT	Uninfor	Managerself	RiskT
ICI	-0.022** (-2.238)	-0.019* (-1.802)	-0.003* (-1.712)	-0.031 (-1.313)	-0.023 (-1.214)	-0.006 (-1.183)
Controls	控制	控制	控制	控制	控制	控制
Constant	5.242*** (7.539)	4.094*** (7.012)	6.536*** (8.728)	5.742** (2.218)	7.032** (2.023)	4.293* (1.817)
Year	控制	控制	控制	控制	控制	控制
N	2387	2387	2387	3539	3539	3539
Adj R^2	0.246	0.213	0.223	0.210	0.219	0.262

表 4-4 的结果显示：①对于 Panal A，以技术创新投入（RI）的中位数为标准进行的分组检验结果显示，在 RI 较高样本组中，内部控制（ICI）与信息不对称（Uninfor）的系数在 5%水平上显著为负，内部控制（ICI）与管理层自利（Managerself）的系数在 10%水平上显著为负，内部控制（ICI）与风险承担水平（RiskT）的系数在 10%水平上显著为负；在 RI 较低样本组中，则显著关系较弱，表明内部控制能够通过缓解企业信息不对称、抑制管理层自利、降低风险承担水平，进而促进增大技术创新投入；②对于 Panal B，技术创新产出（Invent）的分组检验结果显示，在 Invent 较高样本组中，ICI 对于信息不对称（Uninfor）、管理层自利（Managerself）、风险承担水平（RiskT）存在显著负向影响，而在 Invent 较低样本组中显著性水平较弱，表明较高质量的内部控制能够通过降低企业信息不对称程度、抑制管理层自利、降低风险承担水平，进而促进提升技术创新产出；③对于 Panal C，技术创新效率（Ineff）的分组检验结果显示，在 Ineff 较高样本组中，内部控制（ICI）对于信息不对称（Uninfor）、管理层自利（Managerself）、风险承担水平（RiskT）存在负向影响且显著，Ineff 较低样本组中相应系数不显著，表明较高质量的内部控制能够通过降低企业信息不对称程度、管理层自利、风险承担水平，进而促进提升技术创新效率。综上，由对于企业技术创新三个变量的分组检验结果可知，内部控制通过降低信息不对称、抑制管理层自利及降低风险承担水平的作用路径，进而促进企业技术创新，验证假设 H4-2、H4-3、H4-4。

4.4.4 稳健性检验

做如下稳健性检验：①替代变量。借鉴宋迪等（2019）的研究，以内部控制缺陷的虚拟变量 ICD（存在内部控制缺陷取 1，不存在内部控制缺陷取 0）作为公司内部控制质量的替代变量，表 4-5 显示了内部控制对于技术创新的回归结果。从表 4-5 可以看出，内部控制缺陷（ICD）对于技术创新三个变量 RI、Invent、Ineff 的回归系数分别在不同显著性水平上为负，表明较低质量的内部控制不利于企业技术创新，意味着内部控制质量的提升会促进企业技术创新，回归结果与前文研究结论一致。②工具变量检验。考虑到内部控制影响企业技术创新，反之，技术创新又可能会影响企业内部控制建设，即内部控制与技术创新互为因果的内生性问题。为避免内生性，本书采用第 t-1 年同行业同地域其他公司的内部控制质量的均值作为工具变量，进行 Heckman 两阶段回归。③倾向得分匹配法（PSM）检验。为降低内部控制（ICI）与企业技术创新相互影响产生的内生性，采用内部控制缺陷的哑变量作为内部控制的替代变量，以企业内部控制缺陷为标准对样本分组，构造匹配样本，实验组企业不存在内部控制缺陷，从存在内部控制缺陷的企业中寻找控制组，对匹配样本进行检验。工具变量法和倾向得分匹配法所得检验结果与前文无实质性差异。

表 4-5　替代变量的回归结果

变量名称	因变量 RI	因变量 Invent	因变量 Ineff
ICD	-0.022* (-1.952)	-0.007* (-1.725)	-0.013** (-2.182)
Constant	5.135*** (9.326)	7.042*** (12.105)	4.813*** (8.722)
Controls	控制	控制	控制
Year	控制	控制	控制
N	5926	5926	5926
Adj R^2	0.257	0.181	0.172

4.5　拓展性检验

4.5.1　内部控制五要素对企业技术创新影响的差异

根据我国 2008 年由财政部、证监会、审计署、银监会（现为银保监会）、保监会（现为银保监会）颁布的《企业内部控制基本规范》，内部控制五要素主要包括——内部环境、风险评估、控制活动、信息与沟通、内部监督五方面，考虑到内部控制五要素的侧重点不同，为了更详尽检验内部控制对企业技术创新的影响，分别以内部环境、风险评估、控制活动、信息与沟通和内部监督这五大要素的质量替代自变量 ICI，检验内部控制五要素对企业技术创新影响的差异，构建模型（4-5）。

$$Techin_{i,t} = \alpha_0 + \alpha_1 ICI_{5,i,t} + \sum Control_{i,t} + \varepsilon_{i,t} \tag{4-5}$$

其中，$ICI_{5,i,t}$表示内部控制五要素变量——内部环境、风险评估、控制活动、信息与沟通和内部监督，$Control_{i,t}$表示控制变量，包括公司规模（Size）、公司成长性（Growth）、上市年数（Age）、总资产净利润率（Roa）、资产负债率（Lev）、流动比率（Cur）、总营业成本率（Cost）、资本支出（Capi）等控制变量。检验结果见表 4-6。

表 4-6 内部控制五要素对企业技术创新的影响

Panal A	技术创新投入（RI）				
变量名称	内部环境	风险评估	控制活动	信息与沟通	内部监督
ICI	0.035* (1.811)	0.054 (1.306)	0.037 (1.019)	0.029 (1.425)	0.016 (1.238)
Controls	控制	控制	控制	控制	控制
Year	控制	控制	控制	控制	控制
Constant	3.271*** (6.944)	3.013*** (6.255)	6.318*** (10.805)	4.202*** (6.646)	4.063*** (6.187)
N	5926	5926	5926	5926	5926
Adj R^2	0.256	0.263	0.249	0.227	0.211
Panal B	技术创新产出（Invent）				
变量名称	内部环境	风险评估	控制活动	信息与沟通	内部监督
ICI	0.028** (2.462)	0.049 (1.519)	0.001* (1.823)	0.032 (1.326)	0.022 (1.205)
Controls	控制	控制	控制	控制	控制
Year	控制	控制	控制	控制	控制
Constant	4.364*** (8.636)	4.235*** (8.199)	5.782*** (10.114)	3.202*** (7.272)	5.121*** (11.026)
N	5926	5926	5926	5926	5926
Adj R^2	0.215	0.272	0.237	0.213	0.165

续表

Panal C	技术创新效率（Ineff）				
变量名称	内部环境	风险评估	控制活动	信息与沟通	内部监督
ICI	0.013** (2.333)	0.035 (1.312)	0.021 (1.513)	0.037 (1.211)	0.026 (1.121)
Controls	控制	控制	控制	控制	控制
Year	控制	控制	控制	控制	控制
Constant	5.558*** (8.219)	6.709*** (10.038)	7.828*** (12.167)	5.382*** (8.714)	8.613*** (14.226)
N	5926	5926	5926	5926	5926
Adj R^2	0.212	0.255	0.183	0.166	0.207

从表 4-6 可以看出，内部环境对于技术创新的三个变量——技术创新投入（RI）、技术创新产出（Invent）、技术创新效率（Ineff）分别在不同水平上显著为正，控制活动对于技术创新产出 Invent 的系数在 10%水平上显著为正，其他三个内部控制要素变量——风险评估、信息与沟通、内部监督的系数均为正，但影响不显著，表明内部控制对于技术创新的促进作用主要集中体现在内部环境这一内部控制要素，对于技术创新产出这一技术创新因变量，控制活动发挥显著的正向促进作用。原因可能在于：第一，内部环境作为企业整个内部控制实施的基本环境，是内部控制实施的基调，会对其他内部控制要素产生重要影响，内部控制对于企业技术创新的影响作用通过内部环境这一要素集中体现；第二，对于企业技术创新产出过程，控制活动同样发挥重要正向影响作用，应加强基于企业技术创新流程的控制活动实施；第三，对于内部控制这一企业内部重要风险管控机制，其发挥作用是内部控制五要素——内部环境、风险评估、控制活动、信息与沟通、内部监督的综合协调作用的结果，并非单个要素作用的简单叠加，内部环境发挥作用需要其他内部控制要素的支撑。

4.5.2　内部控制质量改善的影响效果

进一步地从动态角度检验内部控制质量改善，即内部控制缺陷整改情形下，内部控制调节效应的差异，以充分检验内部控制对于信贷寻租行为效果的抑制作用。借鉴已有研究（宫义飞等，2018；宋迪等，2019），本文以内部控制缺陷（ICD）作为内部控制质量的衡量指标，存在内部控制缺陷为1，不存在内部控制缺陷为0，并引入变量Repair来反映内部控制缺陷整改情况。当内部控制缺陷已全部得到整改，则Repair为1，说明内部控制质量得到改善。反之，则Repair为0。其中，企业是否存在内部控制缺陷，从《内部控制自我评价报告》和《内部控制审计报告》中披露的内部控制缺陷情况获取。

表4-7 内部控制质量改善对企业技术创新的影响结果

变量名称	RI	Invent	Ineff	RI	Invent	Ineff
ICD	-0.031* (-1.927)	-0.017* (-1.746)	-0.005** (-1.967)	-0.021* (-1.713)	-0.014* (-1.837)	-0.003** (-2.228)
Repair	0.012* (1.813)	0.001* (1.745)	0.023** (2.346)	0.014* (1.703)	0.002* (1.812)	0.015* (1.792)
ICD×Repair	0.002* (1.829)	0.004* (1.815)	0.001** (2.522)	0.003* (1.726)	0.005* (1.702)	0.001** (2.504)
Controls	控制	控制	控制	控制	控制	控制
Year	控制	控制	控制	控制	控制	控制
Constant	8.138*** (12.107)	5.172*** (7.659)	6.156*** (9.323)	7.914*** (11.046)	6.753*** (10.094)	8.134*** (12.602)
N	5926	5926	5926	5926	5926	5926
Adj R^2	0.172	0.215	0.268	0.206	0.237	0.183

从表4-7可以看出，企业内部控制缺陷（ICD）对于技术创新三个因变量均存在显著负向影响，表明内部控制缺陷不利于企业技术创新。内部控制缺陷整改（Repair）对于技术创新三个变量在不同水平上显著为正，交互项ICD×Repair的系数在不同显著性水平上为正，意味着内部控制质量的提高能够在更大程度上促进企业技术创新。

4.6 本章小结

本章以2010—2018年沪深两市A股制造业上市公司为研究样本，选取技术创新的三方面特征——技术创新投入、技术创新产出、技术创新效率，探究内部控制对企业技术创新的影响效果，内部控制影响技术创新的作用路径，进一步研究内部控制五要素对于企业技术创新的影响差异，动态视角下，内部控制质量改善对于技术创新的影响作用。结果发现：①内部控制质量越高的企业，越倾向于实施技术创新活动，内部控制对于技术创新三方面的作用效果存在差异，相较于技术创新投入和技术创新产出，内部控制对于技术创新效率的促进作用更明显；②内部控制可以通过缓解企业信息不对称、抑制管理层自利、降低企业风险承担水平，进而促进企业技术创新；③内部控制五要素中，内部环境对于技术创新投入的影响更显著，控制活动对于技术创新产出的影响更显著。内部控制缺陷整改能够在更大程度上促进企业技术创新。

本章基于内部控制的治理机制，从企业技术创新的内部治理环境角度，分析了内部控制对企业技术创新的影响机理以及内部控制影响企业技术创新的作用路径。研究结果对于在企业实施技术创新过程中，加强内部控制建设，注重培育实施技术创新的企业环境，增大技术创新控制活动力度，尤其对切实进行内部控制缺陷整改，促进企业技术创新的实践提供了经验证据。立足于上述研究结论，我们提出管理启示如下：企业在技术创新过程中应加强对于技术创新投入、技术创新产出过程的内部控制建设，以降低技术创新中的企业信息不对称程度、抑制管理层自利行为、降低企业风险承担水平，促进企业实施技术创新活动。

第 5 章 信贷寻租、内部控制与企业技术创新

5.1 引言

创新驱动战略下制造业转型升级亟须进行技术创新，技术创新成为制造业高质量发展的引擎（Rosenberg，2006），缘于技术创新活动的外部性、投入高、风险大等特性以及企业技术创新外源融资的短缺（Brown 和 Stephen，2015；卢馨等，2013）。在资本市场尚不健全，企业技术创新信息不对称，投资者非理性偏好等因素作用下，相较于股权融资，银行债务融资能够规避技术创新信息泄露的现象（黄新建等，2016），银行信贷成为企业获取外源融资的重要途径。而信贷配置的价格信号和传导机制彰显了信贷资源的稀缺程度，企业信贷资源获取成为影响其技术创新的重要因素（张璇等，2017），当前转轨经济时期，源于信贷资源的稀缺性，企业倾向于通过构建银企关联等途径实施信贷寻租（马光荣和刘明，2014），尤其在外源融资依赖度较高的企业中，这种现象更明显，也严重扭曲了信贷资源配置效率。那么，信贷扭曲情形下的信贷寻租会对企业技术创新产生怎样的影响？

同时，内部控制作为企业内部治理机制，贯穿于企业技术创新活动全过程。已有关于内部控制对企业技术创新影响的研究，主要分为“内部控制促进论”与“内部控制悖论”两个学派，不同结论可能源于不同类型企业研究场景的差异。那么，内部控制对于企业技术创新决策、技术创新投入、技术创新产出等系列过程存在怎样的作用机理？

企业技术创新活动是多因素共同作用的现实，信贷寻租对于企业技术创新的影响是否受企业内部控制质量差异的影响？即内部控制对信贷寻租

与企业技术创新之间存在怎样的调节效应？如何合理进行信贷配置及内部控制建设，有效促进企业技术创新，是制造业高质量发展中亟须解决的重要问题。进一步地，我国国有企业与民营企业在资源获取、政策支持等方面存在“产权歧视”（余明桂等，2016），不同产权性质企业间信贷资源的争夺问题尤为凸显。因此，有必要探究不同产权性质企业间的信贷寻租是否会影响企业技术创新。此外，不同企业对外源融资的依赖度存在差异，对于外源融资依赖度较高的企业，信贷约束是影响企业发展的重要因素。由此，有必要探究信贷寻租、内部控制对异质性企业技术创新的影响差异。

鉴于此，本书以 2010—2018 年沪深两市 A 股制造业上市公司为研究对象，从三个方面考量企业技术创新——创新投入、创新产出、创新效率，研究信贷寻租对企业技术创新的影响，进而探究内部控制对信贷寻租与企业技术创新之间关系的调节效应。进一步地，基于企业存在产权歧视、融资约束、外源融资依赖度、银企关联、机构持股比例等差异，探究内部控制调节效应在异质性企业中的差异。

本书的可能贡献：①探究外部宏观层面信贷扭曲配置下信贷寻租对企业技术创新的影响机理，并结合企业技术创新是诸多因素共同作用的现实，综合考虑外部信贷寻租与企业内部控制，检验内部控制对信贷寻租与企业技术创新之间关系的调节效应；②探究内部控制调节效应作用效果的情景依赖性，即研究对于不同融资约束、外源融资依赖度、银企关联、机构持股比例的企业，内部控制调节效应的作用效果差异，有助于政府部门制定相关政策，指导金融机构针对不同类型企业优化信贷结构，合理配置信贷资源；有助于企业明晰内部控制建设的着力点，共同促进企业技术创新。

5.2　理论分析与研究假设

5.2.1　信贷寻租对企业技术创新的影响

国有股权较多的国家存在着较高的“信贷歧视”，信贷领域的寻租现象较多，信贷资源配置效率低下（苟琴，2014）。在“信贷歧视”的影响下，国有企业在信贷市场上占据了绝对优势。技术进步和创新是经济增长最持久的源泉，也是提升经济实力和培育新竞争优势的重要引擎（Rosenberg，2006），然而，创新项目的高风险、信息不对称和投资周期长等特点，导致企业在创新活动中容易遭受外源融资短缺的难题（Hall & Lerner，2010）。

银行授信是企业获取稳定、持续外部资金的重要来源，稳定的资金来源对于企业创新尤为重要（马光荣等，2014）。资金的相对稀缺性导致银行拥有较大的权力，信贷垄断成为滋生寻租的温床。在制度缺失的转型经济中，企业乐于钻营银企关系，通过贿赂银行人员获得宝贵的信贷资源以促进自身的发展。许多中小型企业贷款时请银行相关人员吃喝、送礼和给回扣，已成为金融行业的潜规则。结合企业技术创新来看，当可供借贷资金供给变化时，银行可能会歧视性地改变信贷的成本（Stiglitz & Weiss，1981），也就是企业的融资成本。虽然信贷融资可以缓解创新的融资约束，但是，对处于金融市场尚不发达的中国而言，资本的相对短缺和融资途径的单一性导致银行拥有较大权力，这为信贷寻租创造了机会，在当前中国的特殊国情下，国有大型银行仍然掌控着关键信贷资源的配置权，以大银行为主的高度集中的金融体制是企业融资困难的主要原因，国有银行的垄断导致银行贷款偏向大企业和国有企业，中小民营企业难以获得银行贷款的支持（黄玖立和李坤望，2013）。

此外，银行控制着大量的资源，司法监督有效性的缺乏又造成资源配置的不透明，垄断地位和贷款资源的稀缺性共生成为滋生金融腐败的温床（刘忠和李殷，2018）。在市场机制尚未健全的情况下，银行会将企业支付的租金作为是否授信或借贷的重要识别工具。一方面，由于企业的资本要素投入量有限，在存在信贷约束的情况下，研发投资激励降低，企业为信贷寻租所支付的额外费用会增加企业的融资成本和运营成本，挤出企业配置于创新的资本；另一方面，企业通过信贷寻租方式多是获得短期贷款，较少获得长期贷款，难以满足技术创新活动所需的持续资金投入，且技术创新回收周期较长，信贷寻租则能够较快地为企业带来经济资源，由此企业会在一定程度上以“信贷寻租”行为替代“技术创新”，减少技术创新活动。因此，提出假设 H5-1：企业信贷寻租程度越严重，越不利于技术创新。

5.2.2　内部控制对信贷寻租与企业技术创新之间关系的调节效应

现代企业两权分离，委托代理关系下企业技术创新活动存在信息不对称，银行等金融机构会采取信贷抵押物、增加担保责任等方式借贷。内部控制内嵌于企业技术创新过程，是企业内部重要的风险管控机制，能够减轻信贷寻租对企业技术创新的负向影响：①企业审计委员会、内部审计机构等监督部门，会通过加强对关联交易、对外担保、项目投资决策等行为的监督，规避管理层与大股东攫取私利的机会主义行为，降低银行信贷坏账风险，增强银行的信贷意愿，便于企业获得信贷资金；②内部控制能够确保企业运营的合规性（周美华等，2016）。内部控制通过对企业技术创新决策、投入及产出等系列过程的有效监督，及时发现、纠正技术创新过程中违反相关规章制度的不当行为，由此抑制管理层的机会主义行为，通过对信贷融资行为的有效监督，能够在一定程度上遏制企业的信贷寻租行为；③根据有效契约理论，提供真实可靠的财务信息是企业与银行间达成债务契约的前提，而有效的内部控制能够确保财务信息的真实性（张先治等，2018），增强信任度，提高信贷契约的有效性。较高质量的内部控制能够通过遏制借方企业的信贷寻租行为，进而削弱信贷寻租对企业技术创新的影响，由此提出假设 H5-2：内部控制对信贷寻租与企业技术创新之间的关系存在负向调节作用，即较高质量的内部控制，能够抑制信贷寻租对企业技术创新的影响程度。

5.3　研究设计

5.3.1　样本选择与数据

本书以 2010—2018 年沪深两市 A 股制造业上市公司为初选样本，剔除：①ST 等 T 类公司；②研究所需信贷寻租、内部控制及企业技术创新等相关数据缺失的上市公司。最终得到 5765 个样本观测值。主要数据来源如下：CSMAR 数据库、RESSET 数据库和 Wind 数据库等。并对连续变量进行上下 1%的 Winsorize 缩尾处理，运用 stata14.0 进行数据处理。

5.3.2 变量选取

1. 被解释变量

Tech：企业技术创新，包括技术创新投入（RI）、技术创新产出（Invent）、技术创新效率（Ineff）三个变量。技术创新投入 RI 用企业 R&D 投入/当期主营业务收入来计算，技术创新产出 Invent 用发明专利申请数量表示，技术创新效率 Ineff 用曼奎斯特指数法求出，采用创新投入/创新产出来表示。

2. 解释变量

Rent：信贷寻租，因寻租行为具有隐蔽性难以测度，有的研究采用世界银行 2005 年通过向企业高管询问企业是否在进行银行贷款时向银行支付非正常费用，以此设置虚拟变量来度量信贷寻租（张璇等，2017）。考虑到本文所选样本时间跨度较长，难以用 2005 年一年的数据来衡量信贷寻租，同时，信贷寻租程度与招待费同销售额呈正向关系（黄玖立和李坤望，2013），以招待费与销售额之比作为信贷寻租的代理变量，该值越大，企业信贷寻租越严重。

3. 调节变量

ICI：内部控制，表示企业内部控制质量。借鉴黄政等（2017）的研究，以迪博·中国上市公司的内部控制指数的自然对数来衡量。

4. 控制变量

控制变量包括公司治理特征变量、财务特征变量及年度（Year）虚拟变量。

具体变量定义见表 5-1。

表 5-1 主要变量

变量类型	变量名称	变量符号	变量含义
被解释变量	技术创新投入	RI	企业 R&D 投入/当期主营业务收入
	技术创新产出	Invent	用发明专利申请数量表示
	技术创新效率	Ineff	曼奎斯特指数法求创新效率，创新投入/创新产出
解释变量	信贷寻租	Rent	用招待费/销售额来表示
调节变量	内部控制	ICI	迪博·中国上市公司内部控制指数的自然对数
控制变量	公司规模	Size	期末总资产的自然对数
	公司成长性	Growth	公司年营业收入的增长率
	上市年数	Age	截止到统计当年公司上市的年数
	总资产净利润率	Roa	净利润/平均总资产
	资产负债率	Lev	期末总负债/总资产
	流动比率	Cur	期末流动资产/流动负债
	总营业成本率	Cost	期末营业总成本/营业总收入
	资本支出	Capi	当年购建（固定资产+无形资产+其他长期资产）的现金支出
	股权集中度	CR10	前 10 大股东持股数/发行在外总股数
	年度	Year	年度虚拟变量

5.3.3 模型构建

为检验信贷寻租对企业技术创新的影响，构建回归模型（5-1），ε 为随机干扰项，下同。

$$\text{Tech} = \alpha_0 + \alpha_1\text{Rent} + \alpha_2\text{Size} + \alpha_3\text{Growth} + \alpha_4\text{Age} + \alpha_5\text{Roa} + \alpha_6\text{Lev} + \alpha_7\text{Cur} + \alpha_8\text{Cost} + \alpha_9\text{Capi} + \alpha_{10}\text{CR10} + \sum\text{Year} + \varepsilon \quad (5\text{-}1)$$

其中，Tech 表示企业技术创新，包括技术创新投入（RI）、技术创新产出（Invent）和技术创新效率（Ineff）三个特征变量。ε 为随机干扰项，下同。

在模型（5-1）的基础上，加入信贷寻租与内部控制的交互项，检验内部控制对于信贷寻租与企业技术创新之间关系的调节作用，构建模型（5-2）。

$$\text{Tech} = \alpha_0 + \alpha_1\text{ICI} + \alpha_2\text{Rent} + \alpha_3\text{ICI} \times \text{Rent} + \alpha_4\text{Size} + \alpha_5\text{Growth} + \alpha_6\text{Age} + \alpha_7\text{Roa} + \alpha_8\text{Lev} + \alpha_9\text{Cur} + \alpha_{10}\text{Cost} + \alpha_{11}\text{Capi} + \alpha_{12}\text{CR10} + \sum\text{Year} + \varepsilon \quad (5\text{-}2)$$

5.4 实证结果

5.4.1 描述性统计与组间比较结果

表5-2中采用内部控制的中位数作为划分标准，将5765个样本分为两组，其中内部控制质量较高组公司为1121家，占比约为19.44%。结果显示，两组样本公司中，技术创新投入（RI）、信贷寻租（Rent）的均值差异分别为-0.002、0.001，在5%、10%水平上显著，初步表明信贷寻租与技术创新投入在两组样本公司之间差异较大。此外，Pearson相关系数结果显示，变量间不存在多重共线性（相关系数小于0.5），能够代入模型进行检验。

表5-2 描述性统计与差异检验

变量	内部控制质量较低组（N=4644）			内部控制质量较高组（N=1121）			均值差异
	均值	中位数	标准差	均值	中位数	标准差	
RI	0.102	0.103	1.116	0.104	0.119	0.907	-0.002**
Invent	0.324	0	1.124	0.352	12	0.548	-0.028*
Ineff	0.214	0.306	1.721	0.335	0.512	0.782	-0.121**
Rent	0.292	0.315	1.518	0.291	0.751	2.706	0.001*
Size	18.847	18.952	1.764	22.168	22.016	2.016	-3.321
Growth	0.571	0.912	2.915	0.478	0.658	2.396	0.093
Roa	0.024	0.026	0.346	0.039	0.037	0.712	-0.015**
Age	14.641	12	2.881	11.824	11	2.283	2.817
Lev	0.335	0.342	0.801	0.326	0.347	0.579	0.009**
Cur	2.411	1.764	2.443	2.635	2.063	2.935	-0.224**
Cost	0.968	0.875	0.178	0.941	0.707	0.552	0.027
Capi	0.083	0.091	0.083	0.068	0.072	0.049	0.015*
CR10	0.782	0.773	1.112	0.472	0.519	0.166	0.310

注：*、**和***分别表示在0.1、0.05和0.01的水平上双尾检验显著，下同。

此外，主要变量的Pearson相关系数表显示，解释变量信贷寻租

(Rent) 和各个控制变量与被解释变量之间的关系都与预测相一致，且各变量之间的相关系数均小于 0.5，表明变量间不存在严重的多重共线性问题，可以进行回归分析。

5.4.2　信贷寻租对企业技术创新影响的回归结果

模型 5-1 的结果显示：贷款寻租（Rent）与企业技术创新的三个变量 RI、Invent、Ineff 显著负相关，其中与创新投入（RI）在 5%水平上显著负相关，显著性水平最高，表明信贷寻租对于企业技术创新投入的“挤出效应”较明显；信贷寻租（Rent）与企业技术创新两个变量 Invent、Ineff 在 10%水平上显著负相关，表明信贷寻租程度越严重，企业技术创新产出及技术创新效率越低，检验结果表明信贷寻租不利于企业技术创新，支持假设 H5-1。

表 5-3　信贷寻租对企业技术创新的影响

变量名称	因变量 RI	因变量 Invent	因变量 Ineff
Rent	-0.015** (-1.979)	-0.012* (-1.726)	-0.014* (-1.729)
Size	-0.007 (-1.198)	-0.003 (-0.711)	-0.002 (-0.389)
Roa	0.038** (2.316)	0.029** (2.448)	0.033** (2.294)
Growth	0.508 (1.201)	0.366 (1.558)	0.545 (1.472)
Lev	-0.013** (-2.132)	-0.027** (-2.117)	-0.011** (-2.431)
Age	-0.063 (-1.541)	-1.727 (-1.029)	-0.041 (-1.585)
Cur	0.018** (2.314)	0.012** (2.107)	0.015** (2.487)
Cost	-0.016 (-1.609)	-0.012 (-1.644)	-0.033 (-1.616)
Capi	-0.021* (-1.793)	-0.013* (-1.846)	-0.011* (-1.689)
CR10	-0.023 (-1.330)	-0.024 (-1.317)	-0.021 (-1.271)

续表

变量名称	因变量 RI	因变量 Invent	因变量 Ineff
Constant	4.632*** (9.029)	5.813*** (8.637)	4.721*** (8.265)
Year	控制	控制	控制
N	5765	5765	5765
Adj R^2	0.252	0.210	0.175

注：*、**和***分别表示0.1、0.05和0.01的显著性水平，下同。

控制变量方面，总资产净利润率（Roa）与企业技术创新三个特征变量显著正相关，公司规模（Size）与企业技术创新变量负相关，但影响不显著。而上市年数（Age）的系数为负，企业成长性（Growth）的系数为正，影响不显著。资产负债率（Lev）与技术创新三个变量在5%水平上显著负相关，表明较高的资产负债会抑制企业进行技术创新。

5.4.3 信贷寻租、内部控制对企业技术创新影响的回归结果

表5-4是模型5-2的回归结果，在模型5-1的基础上加入内部控制与信贷寻租变量的交互项，以检验内部控制对信贷寻租与企业创新之间关系的影响。模型5-2的结果显示：内部控制对于技术创新三个变量RI、Invent与Ineff的系数在不同水平上显著为正，初步表明较高质量的内部控制能够促进企业技术创新。内部控制与信贷寻租交互项的系数ICI×Rent在10%水平上显著为正，意味着较高质量的内部控制能够抑制信贷寻租对于企业技术创新的影响，支持假设H5-2。

表5-4 信贷寻租、内部控制对企业技术创新的影响

变量名称	RI	Invent	Ineff
Rent	-0.018* (-1.803)	-0.012 (-1.122)	-0.013 (-1.535)
ICI×Rent	0.002* (1.739)	0.013* (1.715)	0.003* (1.683)
ICI	0.019* (1.671)	0.023* (1.715)	0.002** (2.016)
Size	-0.015 (-1.012)	-0.014 (-1.105)	-0.314 (-1.104)

续表

变量名称	RI	Invent	Ineff
Roa	0.027* (1.717)	0.026* (1.732)	0.036* (1.751)
Growth	0.171 (1.011)	0.048 (1.212)	0.071 (1.611)
Lev	-0.009** (-2.209)	-0.005** (-1.974)	-0.008** (-2.001)
Age	-0.023 (-1.109)	-0.051 (-1.153)	-0.039 (-1.122)
Cur	0.012** (2.165)	0.037** (2.151)	0.016** (2.481)
Cost	-0.013 (-1.124)	-0.026 (-1.557)	-0.031 (-1.022)
Capi	-0.037* (-1.954)	-0.015* (-1.726)	-0.426* (-1.939)
CR10	-0.011 (-1.640)	-0.013 (-1.559)	-0.201 (-1.312)
Constant	5.701*** (9.625)	5.203*** (10.667)	6.083*** (11.212)
Year	控制	控制	控制
N	5765	5765	5765
Adj R^2	0.232	0.251	0.228

5.4.4　稳健性检验

做如下稳健性检验：①对于模型 5-1 检验信贷寻租如何影响企业技术创新时，关于信贷寻租变量，采用以中位数为标准，设置虚拟变量的方法进行衡量；②考虑到信贷寻租对企业技术创新的影响可能存在滞后性，采用滞后期的信贷寻租变量引入模型，研究样本区间是 2010—2018 年，回归样本区间为 2009—2017 年，构建滞后变量模型进行回归检验；③对于内生性问题，考虑到信贷寻租、内部控制与企业技术创新之间可能存在的内生性：一是工具变量法，以同一区域企业信贷寻租（Rent）的均值作为信贷寻租变量的工具变量；二是以同一区域企业内部控制（ICI）的均值作为内部控制变量的工具变量；④倾向得分匹配法（PSM）。为降低内部控制

(ICI) 与企业技术创新 (RI) 相互影响产生的内生性，采用内部控制缺陷的哑变量作为内部控制的替代变量，以企业内部控制缺陷为标准对样本分组，构造匹配样本，实验组企业不存在内部控制缺陷，从存在内部控制缺陷的企业中寻找控制组，对匹配样本进行检验。考虑到技术创新投入是企业实施技术创新活动的前提，在企业技术创新中发挥至关重要的作用，以技术创新投入 (RI) 为因变量进行工具变量与 PSM 匹配样本回归，结果见表 5-5。

表 5-5 工具变量与 PSM 匹配样本回归结果

变量名称	工具变量结果	PSM 匹配样本结果 （按内部控制缺陷分组）
Rent	-0.011 (-1.207)	-0.018 (-1.646)
ICI×Rent	0.004* (1.725)	0.001* (1.933)
ICI	0.002* (1.747)	0.005* (1.714)
Controls	控制	控制
Constant	4.011*** (7.981)	5.014*** (10.011)
Year	控制	控制
N	5765	1749
Adj R^2	0.241	0.239

从表 5-5 可以看出，工具变量回归结果与 PSM 匹配样本结果显示，信贷寻租与技术创新存在负向关系，但系数估计值不显著。内部控制与技术创新在 10%水平上显著为正，内部控制与信贷寻租的交互项 ICI×Rent 与技术创新的系数仍显著为正，与前文回归结果一致。

5.5 拓展性检验

5.5.1 外部融资依赖度差异

外部融资依赖度较高的企业，对外部投入的需求更高，因此银行信贷资源对其技术创新活动的影响更为显著，具体表现在以下方面：①民营企业的资金投向受到银行的严格监控，当民营企业的融资渠道狭窄甚至只能完全依靠银行获得生产经营所需资金时，企业对银行的依赖程度就很高，在这种外部融资依赖度较高的条件下，拥有资源优势的银行为了保证贷款的安全性可能会采取各种方式监控贷款用途（史晓强，2018），企业将贷款投入创新研发时需持保守态度，这就一定程度上使得企业进行技术创新时谨慎使用信贷资金，这种情况下银行信贷资源被企业用于研发投入时，将会对企业的技术创新产生较大影响；②由于外部债权人对企业行为的控制力较弱，并不能准确了解企业资金的使用去向，信息不对称现象严重，导致外部融资成本相对内部融资较高（雷洋，2014）。因此，由于资金缺口及资金成本的双重压力，外部融资依赖程度越高的企业，信贷资源对其技术创新的影响越显著，相应地，企业实施的信贷寻租行为会对技术创新产生较大影响。由此提出假设 H5-3：外部融资依赖度较高的企业，信贷寻租对企业技术创新的影响较显著。

5.5.2　融资约束差异

民营企业中小微民企难以建立完善的技术开发体制，缺乏技术创新的风险控制，技术开发时，若市场上已出现更优质的技术或产品，就会导致开发成本难收回，因此，民营企业对于外部资本注入的需求较大（张瑾华等，2016）。同时，因民营企业相较于国有企业缺少政府支持，其获得外部投资资金的成本较高（连军，2012），研发投入资金较少，导致其技术创新难度较大。而银行信贷资源作为企业获得外部投资的主要方式之一，民营企业获得信贷资金后，将其投入自身投资和创新项目，为自身技术创新活动提供充足的资金，降低了企业技术创新风险，从而促进企业技术创新。

在现实的资本市场中，企业与外部信息使用者之间存在严重的信息不对称，管理者往往比投资者拥有更多关于企业内部技术创新的信息（韩美妮，2016）。由于管理者与投资者利益是不一致的，当企业内外信息不对称时，管理者会利用自身信息优势侵占投资者的利益，而投资者为了补偿或避免自身可能存在的风险，则会预先提高资金成本，甚至不给企业提供资金（王利伟，2011），这就产生了所谓的融资约束。融资约束较高的企业，由于其获得外部投资资金的难度较高，用于企业内部研发投入的资金较少，此时，当企业获得银行信贷配置资金时，其对企业技术创新的影响更为显著，具体表现在以下方面：①当企业受到融资约束时，企业部分技术创新的收益虽然高于其内部资金的成本，但会因受到融资约束的限制而无法实现，特别是由于技术创新存在风险高、资金消耗量大、资金回收期长等特性（娜仁，2017），会加强投资者对信息不对称的敏感度，进而使技术创新更易受到融资约束的影响，从而导致技术创新在开发、示范、推广等阶段，无法持续稳定地获取大量所需资金，这意味着技术创新很有可能会因缺乏资金投入而被迫中止或放弃；②受到融资约束时，企业集团内部资本市场为成员企业的研发活动获得比外部资本市场更为便利的资金提供了可能（贺勇，2011），相比之下，企业从外部获取资金的难度增加。在这种情况下，企业为获得信贷资源实施的信贷寻租行为对技术创新的影响会更显著，提出假设 H5-4：融资约束程度较紧的企业中，信贷寻租对企业技术创新的影响较显著。

5.5.3 银企关联差异

优化信贷资源配置能够促使信贷资源向高效的部门（如技术创新部门）流动（李扬和张涛，2009），提高信贷资源配置效率。一方面，企业实施的信贷寻租行为，会促使低成本的债务资源流向部分技术创新动力匮乏的国有企业和大企业，而民营上市公司和小规模公司尽管具有较强的创新精神，却苦于缺乏相应的融资支持，承担着较高的债务融资成本，进而缩减技术创新投资规模，难以产生技术创新成果（王贞洁，2016）；另一方面，银行信贷资金是战略性新兴产业技术创新所需研发投资的主要来源（石璋铭和谢存旭，2015）。当前，战略性新兴产业内的企业多数是创业型高技术中小企业，导致产业自主创新发展所需的研发投资十分依赖外源融资。由于债权融资相对股权融资而言，具有能最大限度保护高技术创业者对创新收益索取权的优点，因而新兴产业在为研发选择外源资金时更青睐于前者（Brown 等，2012），同时，战略性新兴产业内的绝大多数企业不具备在金融市场上发行债券融资的资格，于是银行信贷成为其研发融资的主要来源。

Petersen 和 Rajan（1994）将银企关系定义为银行与企业之间持续紧密的、能够使贷方获取足够企业经营相关信息的业务往来与互动，银企关系也是一种能够有效促进银行对企业相关信息生产，降低信贷市场信息不对称程度，促进银行中介功能发挥，提升信贷筛选、配置效率的正式机制（李曦明，2017）。同银行建立良好关联，被认为是缓和企业信贷约束问题的主要治理机制之一（杨程程等，2013），具体通过以下途径：①银行关联企业更多地借助于银行资源来降低其信贷约束水平，而非银行关联企业更多地在提高其内部控制水平，降低其与外界的信息不对称程度层面上，达到缓解自身信贷约束的目的（程小可等，2013），因此不难看出，相较于存在银企关联的企业，信贷寻租对无银企关联的企业影响更为显著；②随着我国银行业股份制改革的加快，大量企业都积极持有商业银行股份并成为商业银行的大股东，这不仅缓和了债权人和股东之间的利益冲突，也使得企业能够获得成本更低的关联贷款（王善平和李志军，2011）。同时，企业拥有具有银行从业背景的高管，代理冲突和信贷成本通常较低，并拥有更多的关系资源和良好的声誉，因此，企业通过聘用具有此背景的高管可以有效缓解企业的信贷资源获取问题（邓建平和曾勇，2011），相应地，会在一定程度上削弱企业的信贷寻租行为。由此，提出假设 H5-5：相较于存在银企关联的企业，无银企关联的企业中信贷寻租对企业技术创新的影响较显著。

5.5.4　机构投资者持股比例差异

信贷扭曲对企业技术创新存在负向影响，内部控制对于信贷配置与企业技术创新之间的关系具有一定的抑制作用。一方面，较高质量的内部控制能够有效防范和降低信贷风险（马志娟和肖雪，2006）；另一方面，行之有效的内部控制能够获得更多的长期贷款、更长的贷款期限（杨德明和冯晓，2011）。

机构投资者总体持股比例能显著降低内部控制缺陷的可能性，且机构投资者对内部控制缺陷的抑制作用仅存在于持股比例较高的情形（董卉娜等，2016）。机构持股与内部控制缺陷显著负相关，大机构投资者（持股比例大于3%）对内部控制缺陷的抑制作用更强（李越冬和严青，2017）。机构投资者持股比例的提升能够对上市公司的内部控制质量产生显著的促进作用，即机构投资者持股比例越高，公司内部控制质量越高（吴益兵等，2009），具体通过以下途径：①机构投资者持股可以通过对上市公司的监督和控制，在一定程度上缓解代理问题，从而提高公司治理效率，促进内部控制有效性的提升。根据“有效监督假说”，如果机构投资者发挥了强有力的监督作用，就可以促进高管人员提高上市公司的经营管理水平，从而产生治理效应，有助于上市公司降低内部控制缺陷，促进内部控制体系的完善和实施，从而提高其内部控制的有效性。且相比于一般投资者，机构投资者具有更为专业的投资模式和更为规范的投资行为，能够在一定程度上改善上市公司的内部治理环境，提高上市公司的内部控制质量（贾义博，2017）。②机构投资者持股能够促进内部控制信息目标、合规目标和资产安全目标的实现，意味着机构投资者在内部控制设计和运行过程中能够发挥积极作用，有效抑制内部控制缺陷的产生和发展，提升内部控制质量（何芹等，2016）。③机构持股比例越高的公司越有可能自主披露内部控制自评报告，且其披露的报告中存在内控缺陷的概率较低。因而，机构投资者可通过使管理层构建更透明的内部控制系统来减少内控缺陷的产生（Bronson 等，2006）。由此，提出研究假设 H5-6：机构持股对于内部控制作用效果具有塑造效应，即机构持股比例越高的企业，内部控制对于信贷寻租与企业技术创新之间关系的抑制作用越显著。

5.5.5　实证检验

为检验假设 H5-3、假设 H5-4、假设 H5-5，分别以外部融资依赖度、融资约束、银企关联变量的中位数为标准，设置虚拟变量，将研究样本组划分为外部融资依赖度较高和外部融资依赖度较低组，融资约束较高组和融资约束较低组，存在银企关联组和不存在银企关联组。其中：①对于外部融资依赖度，借鉴曾璐璐（2015）、李晓龙等（2018）的研究，从宏观区域经济发展对外源融资的依赖程度来衡量地区经济发展的融资结构构成，从《中国固定资产投资统计年鉴》中获取数据，对于固定资产投资资金来源进行划分，分为自筹资金来源和其他资金来源，企业除自筹资金以外所进行的固定资产投资在企业本年固定资产投资总额中的占比，对不同区域经济发展的外部融资依赖度（Exte）进行测度；②对于融资约束，借鉴张璇等（2017）的研究，以企业是否获得银行授信（Bankcre）来衡量企业的融资约束程度，若企业未获得银行授信，则 Bankcre=1，若企业获得银行授信，则 Bankcre=0；③对于银企关联，借鉴贺晓宇和秦永（2018）的研究，若企业高管具有银行工作背景、企业持有银行股份大于 2%或企业被银行持有股份大于 2%，则认定企业存在银企关联，取值 1，否则认定企业不存在银企关联，取值为 0。由此，分别将分组样本变量引入模型 5-1 进行分组检验，结果见表 5-6。

表 5-6　内部控制对企业技术创新影响的异质性检验

Panal A	外部融资依赖度较高组			外部融资依赖度较低组		
变量名称	RI	Invent	Ineff	RI	Invent	Ineff
Rent	-0.004** (-2.368)	-0.005** (-1.985)	-0.006** (-1.982)	-0.001 (-1.047)	-0.061 (-1.136)	-0.022 (-1.192)
constant	3.146*** (8.662)	5.464*** (11.034)	4.013*** (9.216)	5.028 (1.642)	7.018 (1.356)	9.058 (1.098)
controls	控制	控制	控制	控制	控制	控制
Year	控制	控制	控制	控制	控制	控制
N	2767	2767	2767	2998	2998	2998
Adj R^2	0.242	0.192	0.245	0.208	0.233	0.251

续表

Panal A	外部融资依赖度较高组			外部融资依赖度较低组		
变量名称	RI	Invent	Ineff	RI	Invent	Ineff
Rent	-0.008** (-1.961)	-0.002* (-1.933)	-0.001* (-1.736)	-0.003* (-1.765)	-0.009 (-1.630)	-0.005 (-1.155)
constant	2.029*** (2.662)	7.062*** (13.359)	4.502*** (9.095)	3.022* (1.746)	5.049 (1.417)	8.062 (1.241)
controls	控制	控制	控制	控制	控制	控制
Year	控制	控制	控制	控制	控制	控制
N	3944	3944	3944	1821	1821	1821
Adj R^2	0.219	0.173	0.262	0.211	0.252	0.207
Panal C	不存在银企关联组			存在银企关联组		
变量名称	RI	Invent	Ineff	RI	Invent	Ineff
Rent	-0.004** (-2.258)	-0.007* (-1.681)	-0.006* (-1.673)	-0.003* (-1.667)	-0.021 (-1.514)	-0.017 (-1.336)
constant	3.085*** (7.021)	2.046*** (5.184)	5.058*** (10.232)	7.218** (1.996)	6.321** (2.548)	4.113* (1.716)
controls	控制	控制	控制	控制	控制	控制
Year	控制	控制	控制	控制	控制	控制
N	1743	1743	1743	4022	4022	4022
Adj R^2	0.196	0.257	0.245	0.213	0.232	0.181

从表 5-6 的结果可以看出：①将样本组按外部融资依赖度进行分组，外部融资依赖度较高组中，信贷寻租 Rent 对于技术创新三个变量在不同水平上存在显著负向影响，外部融资依赖度较低组中，信贷寻租的影响不显著，表明信贷寻租对于技术创新的负向影响仅存在于外部融资依赖度较高的企业中，支持假设 H5-3；②对于融资约束的分组检验，在融资约束较高样本组中，信贷寻租 Rent 对于技术创新三个变量存在显著负向影响，在融资约束较低样本组中，信贷寻租对于技术创新投入 RI 的系数在 10%显著性水平上为负，明显低于融资约束较高样本组中相应系数 5%的显著性水平，信贷寻租对于技术创新产出 Invent、技术创新效率 Ineff 的系数为负，但影响不显著，表明信贷寻租对于技术创新的负向影响在融资约束较高企业中表现得更明显，验证假设 H5-4；③对于银企关联的分组检验，不存在

银企关联样本组中，信贷寻租对于技术创新三个变量的系数分别在不同显著性水平上显著为负，在存在银企关联的样本中，信贷寻租对于技术创新投入 RI 的系数在 10%水平上显著为负，低于不存在银企关联样本中信贷寻租对于技术创新投入的系数 5%的显著性水平，同时，存在银企关联样本中，信贷寻租对于技术创新产出和技术创新效率的影响不显著，检验结果表明信贷寻租对于企业技术创新的负向影响在无银企关联企业中表现得更显著，假设 H5-5 得到验证。

此外，考虑到机构投资者作为较专业的投资机构，其投资模式和投资决策较科学，对于企业运营发挥监督治理作用。较高比例的机构持股，能够改善企业内部治理环境，促进内部控制质量提升（董卉娜和何芹，2016）。鉴于此，本书探究不同机构持股比例企业中，内部控制对于信贷寻租与企业技术创新之间关系调节作用的差异，即机构持股对于内部控制调节作用的塑造效应。机构持股变量 INSHold，以机构投资者持有的非限售 A 股数占公司流通股总数的比值来衡量。以机构持股的中位数为标准，设置虚拟变量，将全样本划分为高机构持股比例组（INSHold = 1）和低机构持股比例组（INSHold = 0），分别代入模型（5-2），结果见表 5-7。

表 5-7　机构持股对于内部控制调节作用的塑造效应

变量名称	高机构持股比例组（INSHold = 1）			低机构持股比例组（INSHold = 0）		
	因变量 RI	因变量 Invent	因变量 Ineff	因变量 RI	因变量 Invent	因变量 Ineff
Rent	-0.001* (-1.884)	-0.015 (-1.625)	-0.023 (-1.537)	-0.022** (-1.979)	-0.007* (-1.655)	-0.009* (-1.650)
ICI×Rent	0.001** (2.338)	0.002** (2.246)	0.004** (2.492)	0.001* (1.823)	0.003* (1.731)	0.005* (1.667)
ICI	0.017* (1.876)	0.021* (1.928)	0.018* (1.738)	0.001* (1.950)	0.008* (1.819)	0.005* (1.785)
constant	4.096*** (6.607)	6.158*** (7.544)	4.105*** (5.298)	5.001*** (6.508)	4.787*** (7.238)	5.731*** (8.143)
controls	控制	控制	控制	控制	控制	控制
N	1726	1726	1726	4039	4039	4039
Adj R^2	0.261	0.272	0.213	0.269	0.224	0.201

从表 5-7 可以看出：高机构持股比例样本组中，信贷寻租 Rent 对于技

术创新 RI 在 10%水平上显著为负，Rent 对于技术创新产出（Invent）、技术创新效率（Ineff）的影响不显著，低机构持股比例样本组中，Rent 对于技术创新三个变量在不同显著性水平上为负。较高持股比例样本组中，ICI×Rent 对于 Invent、Ineff 的系数在 5%水平上显著为正，大于低机构持股比例组中 10%的显著性水平。表明机构持股比例越高，内部控制对于信贷寻租与企业技术创新二者之间关系的抑制作用越强。由此，通过对两个样本组中，ICI×Rent 的系数绝对值大小及其显著性水平对比，可以得出：机构持股对于内部控制的调节作用存在塑造效应，即机构持股比例越高，内部控制对于信贷寻租与企业技术创新之间关系的抑制作用越明显，支持假设 H5-6。

5.6 本章小结

本章以 2010—2018 年 A 股制造业上市公司为研究样本，研究信贷寻租对企业技术创新的影响，并检验内部控制对于信贷寻租与企业技术创新之间关系的调节效应。通过实证检验得出以下结论：①信贷寻租不利于企业技术创新；②高质量的内部控制能够抑制信贷寻租对企业技术创新的负向影响；③外部融资依赖度较高、融资约束较高、不存在银企关联的企业中，信贷寻租对于技术创新的负向影响更显著。机构持股比例较高企业中，内部控制对于信贷寻租与企业技术创新之间负向关系的抑制作用更明显。本章基于内部控制调节效应视角，分析了信贷寻租、内部控制影响企业技术创新的作用机理，并进一步进行了企业异质性的拓展性检验，研究结果对于指导企业增强内部控制建设，相关部门采取适当措施降低企业信贷寻租行为，以提高企业技术创新的实践提供了经验证据。

立足于上述研究结论和企业的管理实际，我们提出具体管理启示如下：①信贷寻租能够对企业技术创新产生“挤出效应”，尤其对技术创新投入的负向影响更显著，不利于企业技术创新，相关部门应规范金融信贷行为，抑制信贷寻租，以促进实体经济企业技术创新；②企业应加强内部控制建设，注重技术创新投入、技术创新产出、技术创新效率各个环节和各要素之间的协同，促进企业技术创新。

第 6 章　供应链集中度、内部控制与企业技术创新

6.1　引言

企业技术创新具有耗费资源多、风险高、收益不确定性大等特征，企业资源配置是一个内外部资源统筹、优化的过程。近年来，随着市场需求升级、技术更新加快，新产品开发周期缩短、研发不确定性增大，企业利用外部资源进行技术创新成为增强其市场竞争力的重要途径。供应链竞争时代，企业寻求外部创新资源的视角已经延伸到供应链上下游，供应商和客户是企业获取外部创新资源的重要来源（崔永丽等，2018）。创新理论之父熊彼特（1991）认为企业创新就是把各种不同的异质性资源进行重新组合。供应商和客户的异质性资源可以弥补企业内部创新资源不足，带来互补性的创新资源，为企业创新提供潜在驱动力。供应链集中度指供应商和客户数目的集中程度，反映了核心企业的供应商和客户所拥有资源的异质性程度，那么，供应链集中度将如何影响企业技术创新？

内部控制作为企业重要的治理制度，内嵌于企业技术创新过程，由企业管理层和全体员工实施，基于内部控制五要素——控制环境、风险评估、控制活动、信息与沟通和内部监督，会对企业技术创新决策、技术创新投入、技术创新产出等系列过程产生影响，那么，内部控制质量影响企业技术创新的作用机理是什么？同时，在供应链关系管理实践中，企业会实施供应链内部整合，对企业战略、行动和流程等活动进行调整，便于满足客户需求及保持与供应商的及时沟通。尤其当企业对外部供应商和客户进行管理的成本较高或不能有效实施时，更倾向于加强供应链内部整合，

以优化供应链关系，为技术创新提供资源。同样地，企业供应链内部整合过程内置于内部控制制度执行过程中，内部控制实施势必会影响供应链关系管理实践，那么，内部控制会如何影响供应链集中度与企业技术创新之间的关系？

此外，企业供应商客户契约关系的履行及内部控制制度的实施过程，会受到外部制度环境的影响（韩少真等，2015）。如朱永明和李雪（2018）综合考虑企业产权性质与外部治理环境研究发现，区域市场化进程能够促进企业进行技术创新，且相较于国有企业，内部控制对企业技术创新绩效的促进效应在非国有企业中表现得更明显。我国逐步推进的市场化改革，势必会对企业技术创新过程中内部控制的作用效果形成塑造效应，进而会影响内部控制对于供应链集中度与企业技术创新之间关系调节效应的作用效果。由此，供应链竞争时代，对于企业技术创新过程中内部控制实施的情景依赖性研究显得尤为必要。而现有文献尚未系统地对供应链集中度影响企业技术创新的作用机理、内部控制这一企业内部正式制度对于二者之间关系的调节效应及宏观层面市场化改革对内部控制调节作用的塑造效应进行深入挖掘。

鉴于此，本书选取 2010—2018 年 A 股制造业上市公司，从供应商集中度和客户集中度两个层面考察供应链集中度，研究供应链集中度对企业技术创新的影响，内部控制对于供应链集中度与企业技术创新之间关系的调节作用。进一步地，基于我国区域市场化发展不平衡的现实，探究市场化改革对上述内部控制调节作用的塑造效应。

本书的可能贡献：①不同于已有关于企业技术创新的单一因素研究，本书基于内部控制内嵌于企业技术创新过程的现实，综合考虑宏观层面的市场化改革与微观层面的供应链集中度，实证检验了供应链集中度对企业技术创新的影响，内部控制对于二者之间关系的调节效应，及市场化改革对内部控制调节作用的塑造效应；②有助于企业深入理解供应链集中度在技术创新过程中的主导作用，优化供应链管理，加强内部控制建设以增强其监督治理功能；有助于政府相关部门深入推进市场化改革，从宏观层面寻求促进企业技术创新的对策。

6.2　理论分析与研究假设

6.2.1　供应链集中度对企业技术创新的影响

创新理论之父熊彼特（1991）指出，创新就是把部分生产要素的“新组合”引入生产体系中，多样化的、异质性的资源有利于企业进行创新。异质性资源是创新价值实现的必要条件，激发企业产生新思想和创意，促进了组合的多样性与原创度，提升企业创新绩效。根据资源基础理论，当企业不能拥有其发展所需资源时，需要以某种形式与企业外部主体进行资源交易，继而在其内部技术、知识、信息优势的基础上，整合内外部资源形成自身发展所需资源，使核心企业与其供应商、客户等保持密切关系（吉利和陶存杰，2019）。由此，本部分从供应商和客户两个方面探究供应链集中度对企业技术创新的影响机理。

供应商是企业技术创新所需资源的重要来源，所拥有的资源包括具有价值的专业知识和技术，相关研发人才，拥有物料规格、物料可得性、工艺以及其成本等信息（张正等，2017）。供应商所拥有的资源是企业与外界关联方维系良好运营关系的结果，不论各供应商是否属于同一行业、同一技术领域，其所拥有的资源都具有独特性（单文涛等，2018）。由此，供应商集中度越低，与企业进行交易合作的供应商数量越多，各供应商在知识、技术、研发人才等方面资源的异质性程度越高。供应商异质性资源可以通过以下途径影响企业技术创新：一是供应商的异质性资源能够为简化产品和工艺流程提出建议，有助于企业进行产品生产工艺流程的创新，进而提升企业技术创新水平；二是供应商异质性信息资源能够为企业研发团队提供帮助，有效降低开发活动的复杂性和不确定性，从而降低创新投资的风险，激励企业增加创新投入（王勇等，2017）；三是各供应商提供的互补性资源，及供应商的创新思想能够缩短企业产品研发时间，降低新产品开发成本，增加产品开发的灵活性，技术知识异质化程度越高，则研发投入强度和专利水平越强，越能促进企业技术创新。如李勃等（2018）

通过研究制造商的不同合作伙伴技术的差异化对创新的影响，得出供应商技术差异性对企业创新起到正向影响作用。

客户作为企业创新所需资源的重要来源之一，拥有包括市场需求、产品创意、相关制造商产品和服务信息、技术知识及经验等资源。供应链上的企业可以通过客户获得相关市场需求信息、技术知识等异质性资源。如林钟高和张春艳（2017）以创业板公司上市前后主要客户变动为研究样本，研究在环境不确定的情况下，客户集中度与企业创新能力的关系，得出客户集中度越高，企业创新能力越低。崔永丽等（2018）指出客户集中度越高，客户的议价能力越强，降低了企业的利润，同时加大了财务风险、道德风险和经营风险，从而削弱了企业的创新能力。白俊等（2018）研究表明集中度较高的企业将无法收回之前交易形成的应收款项，进而产生现金流风险，客户集中度较高的企业为了预防这种风险，往往在财务上较为保守，缺乏足够的激励在技术创新活动上投入大量资金。客户集中度可以通过以下途径影响企业技术创新：一是企业通过与客户的交流合作，可以接触客户的异质性资源，有助于企业获得新产品开发创意和新机会；二是客户的异质性资源可以帮助企业了解相关领域的技术发展趋势，扩展信息网络，提供技术创新所需相关信息；三是企业内部员工与客户接触过程中，客户群体高度的异质性资源有助于提高经理人的创新潜力、创新观念。经理能够通过客户异质性知识网络获取技术创新所需信息，促进企业提升技术创新绩效（Rodan & Galunic，2004）。由此，提出假设 H6-1：供应链集中度越低，即供应商集中度和客户集中度越低，供应商资源和客户资源异质性越大，企业技术创新程度越高。

6.2.2　供应链集中度、内部控制对企业技术创新的影响

企业技术创新成功的关键在于创新资源的有效管理，供应链上的供应商和客户为企业创新提供了互补性资源，供应链资源管理是影响企业技术创新的重要因素（吉利和陶存杰，2019）。企业技术创新战略的制定、资金投入、过程管理及成果分配等系列过程，内置于企业内部控制制度框架中，内部控制作为企业内部重要的风险管控机制，内嵌于技术创新过程的

供应链管理实践：①有效的内部控制能够对企业创新资源进行更加规范的管控。企业技术创新过程是对创新资源的识别、整合与运用过程（钟凯等，2016），内部控制机制通过对异质性资源的识别、运用与成果转化，改变异质性资源转化为创新成果的成本、复杂性与不确定性，有效的内部控制能够降低异质性创新资源转化为创新成果的不确定性，促进企业技术创新绩效提升（李瑛玫，2019）；②有效的内部控制能够加强企业供应链管理。较高质量的内部控制能够从供应商和客户运营情况识别、赊销条件制定、采购对象选择等方面，较好地协调和利用供应商和客户的资源（于浩洋等，2017），进而提升企业对供应商和客户资源的吸收、整合能力，提高企业供应链内部整合的有效性；③根据信号传递理论，若企业内部控制质量较高，则乐于向外界传递自身运营状况良好的信号，由此吸引更多的潜在供应商或客户，增强供应链关系中核心企业的采购选择权、销售价款制定优先权等（张国清等，2015），在一定程度上会优化企业供应链关系，便于企业整合与运用供应商及客户的资源，利于企业技术创新，即企业内部控制越有效，意味着企业供应链内部整合水平越高，可以有效地缓解过高的供应商集中度和客户集中度对企业技术创新所带来的负面影响。由此提出假设 H6-2：高质量的内部控制能够抑制供应链集中度对企业技术创新的负向影响，即有效的内部控制能够削弱供应商集中度和客户集中度对企业技术创新的负向影响程度。

6.3 研究设计

6.3.1 样本选择与数据

本书以 2010—2018 年沪深两市 A 股制造业上市公司为初选样本，剔除：①ST 等 T 类公司；②研究所需供应链集中度、内部控制及企业技术创新等相关数据缺失的上市公司，最终得到 5357 个样本观测值。主要数据来源如下：CSMAR 数据库、RESSET 数据库和 Wind 数据库等。并对连续变量进行上下 1%的 Winsorize 缩尾处理，运用 stata14. 0 进行数据处理。

6.3.2 变量选取

1. 被解释变量

Tech：企业技术创新，包括技术创新投入（RI）、技术创新产出（Invent）、技术创新效率（Ineff）三个变量。技术创新投入（RI）用企业R&D投入/当期主营业务收入来计算，技术创新产出（Invent）用发明专利申请数量表示，技术创新效率（Ineff）用曼奎斯特指数法求出，采用创新投入/创新产出来表示。

2. 解释变量

Scis：供应商集中度，即企业与供应商的集成度，以年报披露前五名供应商采购所占比例表示。

Scic：客户集中度，即企业与客户的集成度，以年报披露前五名客户的销售所占比例表示。

3. 调节变量

ICI：内部控制，用于表示企业内部控制质量。借鉴已有研究，采用迪博·中国上市公司内部控制指数的自然对数来表示。

4. 控制变量

控制变量主要包括公司治理特征变量、财务特征变量及年度（Year）虚拟变量，控制年度影响。

具体变量定义见表6-1。

表6-1 主要变量

变量类型	变量名称	变量符号	变量含义
被解释变量（技术创新Tech）	技术创新投入	RI	企业R&D投入/当期主营业务收入
	技术创新产出	Invent	用发明专利申请数量表示
	技术创新效率	Ineff	曼奎斯特指数法求出，创新投入/创新产出
解释变量（供应链集中度）	供应商集中度	Scis	年报披露前五名供应商采购所占比例
	客户集中度	Scic	年报披露前五名客户的销售所占比例
调节变量	内部控制	ICI	迪博·中国上市公司内部控制指数的自然对数

续表

变量类型	变量名称	变量符号	变量含义
控制变量	公司规模	Size	期末总资产的自然对数
	公司成长性	Growth	公司年营业收入的增长率
	上市年数	Age	截止到统计当年公司上市的年数
	总资产净利润率	Roa	净利润/平均总资产
	资产负债率	Lev	期末总负债/总资产
	流动比率	Cur	期末流动资产/流动负债
	总营业成本率	Cost	期末营业总成本/营业总收入
	资本支出	Capi	当年购建（固定资产+无形资产+其他长期资产）的现金
	机构持股	INshold	机构投资者持有的公司非限售A股总数/流通股总股数
	年度	Year	年度虚拟变量

6.3.3　模型构建

为了检验供应链集中度对企业技术创新的影响，构建回归模型（6-1）。

$$Tech = \alpha_0 + \alpha_1 Scis + \alpha_2 Scic + \alpha_3 Size + \alpha_4 Growth + \alpha_5 Age + \alpha_6 Roa + \alpha_7 Cur + \alpha_8 Cost + \alpha_9 Capi + \alpha_{10} Lev + \alpha_{11} INshold + \sum Year + \varepsilon \tag{6-1}$$

检验内部控制调节作用下供应链集中度对企业技术创新的影响，加入供应链集中度特征变量与内部控制变量的交互项，构建模型（6-2）。

$$Tech = \alpha_0 + \alpha_1 Scis + \alpha_2 Scic + \alpha_3 ICI \cdot Scis + \alpha_4 ICI \cdot Scic + \alpha_5 ICI + \alpha_6 Size + \alpha_7 Growth + \alpha_8 Age + \alpha_9 Roa + \alpha_{10} Cur + \alpha_{11} Cost + \alpha_{12} Capi + \alpha_{13} Lev + \alpha_{14} INshold + \sum Year + \varepsilon \tag{6-2}$$

6.4　实证结果

6.4.1　描述性统计与组间比较结果

表6-2是变量的描述性统计与组间比较结果。以内部控制质量的中位数为标准，将5357家样本公司划分为内部控制质量较高组与内部控制质量

较低组两组，其中内部控制质量较高组公司为921家，占比约为17.19%。结果显示，创新产出（Invent）和创新效率（Ineff）、供应商集中度（Scis）、客户集中度（Scic）在两组样本公司间差异较大。

表6-2 描述性统计与差异检验

变量	内部控制质量较低组（N=4436）			内部控制质量较高组（N=921）			均值差异
	均值	中位数	标准差	均值	中位数	标准差	
RI	0.094	0.103	0.427	0.107	0.082	1.226	-0.013*
Invent	0.436	0	1.734	0.501	13	1.217	-0.065*
Ineff	0.273	0.556	1.348	0.511	0.957	1.992	-0.238*
Scis	0.404	0.574	2.081	0.288	0.197	1.311	0.116*
Scic	0.625	0.583	0.830	0.198	0.009	0.158	0.427*
Size	18.110	18.201	1.306	22.656	21.436	1.024	-4.564
Growth	0.617	0.631	1.711	0.586	0.48	1.082	0.031
Age	12.731	13	1.882	9.447	11	2.501	3.284
Roa	0.021	0.035	0.007	0.054	0.038	0.133	-0.033*
Lev	0.329	0.328	1.097	0.346	0.352	1.262	-0.017**
Cur	2.428	1.815	2.351	2.749	2.113	2.094	-0.321**
Cost	0.956	0.924	0.237	0.933	0.612	0.252	0.023
Capi	0.082	0.086	0.074	0.073	0.064	0.058	0.009*
INshold	0.063	0.027	0.121	0.071	0.044	0.225	-0.008*

注：*、**和***分别表示在0.1、0.05和0.01的水平上双尾检验显著，下同。

6.4.2 变量间相关性分析

表6-3是主要变量的Pearson相关系数表。从相关系数矩阵可以看出，除Age外，解释变量供应商集中度（Scis）、客户集中度（Scic）和各个控制变量与被解释变量之间的关系都与预测相一致，且各变量之间的相关系数均小于0.5，表明变量间不存在严重的多重共线性问题，可以进行回归分析。

表 6-3　变量 Pearson 相关系数

变量	RI	Invent	Ineff	Scis	Scic	ICI	Size	Growth	Age	Roa	Lev	Cur	Cost	Capi	INshold
RI	1														
Invent	0.056**	1													
Ineff	-0.032	-0.031	1												
Scis	-0.052**	-0.062**	0.033	1											
Scic	-0.041**	-0.035**	0.207	0.004	1										
ICI	-0.013*	-0.219	0.077	0.032	0.011	1									
Size	-0.032**	-0.034**	0.022	0.043	0.063	0.052*	1								
Growth	0.061**	0.044**	-0.025	-0.031	-0.027	-0.007	-0.051**	1							
Age	0.067**	0.107	-0.071**	-0.056	-0.043	-0.011	-0.151**	0.055	1						
Roa	0.082**	0.152**	0.005	-0.037	-0.065	0.154*	0.071**	0.031**	-0.042	1					
Lev	-0.135**	-0.091**	-0.105**	0.072	0.071	-0.037*	-0.053	-0.061*	0.024	-0.041*	1				
Cur	0.022*	0.006**	0.012**	-0.101	-0.131	0.052	0.028	0.009	-0.033	0.027*	-0.014*	1			
Cost	-0.027	-0.113	-0.032	0.024	0.015	-0.061*	-0.028	-0.037**	-0.012	-0.033*	0.029*	-0.054*	1		
Capi	-0.013*	-0.002*	-0.107*	0.046	0.022	-0.041*	-0.039	-0.042*	0.053	-0.036*	0.008*	-0.017*	0.036	1	
INshold	0.011*	0.007*	0.024*	-0.031	-0.073	0.038*	0.202	0.105	-0.062	0.107	-0.043*	0.056*	-0.072	-0.044	1

6.4.3 供应链集中度对企业技术创新影响的回归结果

将供应商集中度（Scis）、客户集中度（Scic）引入模型（6-1），表6-4是模型（6-1）的回归结果。从表6-4可以看出：①供应商集中度（Scis）与企业技术创新的三个变量RI、Invent、Ineff在10%水平上显著负相关；②客户集中度（Scic）与企业技术创新的三个变量RI、Invent、Ineff均显著负相关，表明客户集中度越高，企业技术创新动力越小，技术创新投入、技术创新产出及技术创新效率均较低。综上，供应链集中度过高不利于企业技术创新，支持假设H6-1。

表6-4 供应链集中度对企业技术创新的影响

变量名称	因变量RI	因变量Invent	因变量Ineff
Scis	-0.019* (-1.659)	-0.002* (-1.953)	-0.050* (-1.689)
Scic	-0.005** (-2.074)	-0.007* (-1.952)	-0.004* (-1.653)
Size	-1.015 (-1.021)	-0.373 (-1.214)	-0.027 (-1.522)
Roa	0.273* (1.663)	0.353* (1.675)	0.027* (1.671)
Growth	0.038 (1.215)	0.025 (1.225)	0.019 (0.271)
Lev	-0.043** (-2.563)	-0.023** (-2.331)	-0.014** (-2.572)
Age	0.047 (1.351)	0.016 (1.332)	0.032 (1.275)
Cur	0.015** (2.578)	0.001** (2.421)	0.033* (1.940)
Cost	-0.012 (-0.947)	-0.007 (-0.212)	-0.024 (-0.736)
Capi	-0.010* (-1.669)	-0.003* (-1.675)	-0.019* (-1.680)

续表

变量名称	因变量 RI	因变量 Invent	因变量 Ineff
INshold	0.005* (1.690)	0.001* (1.758)	0.012* (1.928)
Constant	7.501*** (10.121)	5.865*** (14.271)	9.610*** (12.178)
Year	控制	控制	控制
N	5357	5357	5357
Adj R^2	0.261	0.182	0.226

注：*、**和***分别表示 0.1、0.05 和 0.01 的显著性水平，下同。

控制变量方面，总资产净利润率（Roa）与企业技术创新三个特征变量显著正相关，公司规模（Size）与企业技术创新变量负相关，但影响不显著。而上市年数（Age）和企业成长性（Growth）的系数为正，影响不显著。资产负债率（Lev）与技术创新三个变量在 5%水平上显著负相关，表明较高的资产负债会抑制企业进行技术创新。

6.4.4　供应链集中度、内部控制对企业技术创新影响的回归结果

表 6-5 是模型（6-2）的回归结果，在模型（6-1）的基础上加入内部控制与供应链集中度特征变量的交互项，以检验内部控制对供应链集中度与企业创新之间关系的影响。模型（6-2）的结果显示：①内部控制与供应商集中度交叉项 ICI×Scis 的系数、内部控制与客户集中度交叉项ICI×Scic 的系数分别在 10%水平上显著为正。这些结果表明，内部控制质量较高时，更容易促进企业技术创新，高质量内部控制能够弱化供应链集中度对企业技术创新的影响，支持假设 H6-2。②内部控制与企业技术创新三个特征变量在 10%水平上显著正相关，表明企业内部控制质量较高时，会有助于企业实施技术创新活动，进一步支持假设 H6-2。

表 6-5　供应链集中度、内部控制对企业技术创新的影响

变量名称	RI	Invent	Ineff	RI	Invent	Ineff
Scis	-0.028* (-1.662)	-0.013* (-1.657)	0.022* (1.656)			
ICI×Scis	0.003* (1.651)	0.002* (1.659)	0.016* (1.679)			
Scic				-0.010* (-1.652)	-0.001* (-1.657)	-0.061* (-1.656)
ICI×Scic				0.003* (1.663)	0.002* (1.653)	0.018* (1.658)
ICI	0.010* (1.753)	0.004* (1.651)	0.007* (1.655)	0.005* (1.665)	0.005* (1.652)	0.045* (1.685)
Size	-0.020 (-1.151)	-0.017 (-1.342)	-0.015 (-1.522)	-0.251 (-1.015)	-0.026 (-1.631)	-0.464 (-1.034)
Roa	0.043* (1.721)	0.031* (1.701)	0.007* (1.722)	0.047* (1.770)	0.010* (1.736)	0.035 (1.382)
Growth	0.051 (1.352)	0.037 (1.046)	0.021 (1.131)	0.050 (1.450)	0.017 (1.671)	0.296 (1.409)
Lev	-0.020** (-2.132)	-0.016** (-2.231)	-0.007** (-2.337)	-0.052** (-2.112)	-0.008** (-2.458)	-0.065** (-2.425)
Age	0.023 (1.521)	0.016 (1.641)	0.019 (1.634)	0.040 (1.535)	0.007 (1.292)	0.013 (1.189)
Cur	0.002** (1.981)	0.001** (1.984)	0.004** (1.973)	0.003** (1.985)	0.004** (1.981)	0.005** (2.052)
Cost	-0.071 (-1.056)	-0.064 (-1.209)	-0.053 (-1.616)	-0.042 (-1.117)	-0.023 (-1.504)	-0.016 (-1.615)
Capi	-0.012* (-1.663)	-0.063* (-1.851)	-0.018* (-1.697)	-0.002* (-1.696)	-0.005* (-1.742)	-0.003* (-1.785)
INshold	0.006* (1.767)	0.002* (1.765)	0.004* (1.956)	0.001* (1.942)	0.005* (1.852)	0.008* (1.851)
Constant	5.102*** (10.027)	7.072*** (14.433)	4.001*** (9.164)	5.032*** (17.531)	6.004*** (13.143)	5.003*** (16.924)

续表

变量名称	RI	Invent	Ineff	RI	Invent	Ineff
Year	控制	控制	控制	控制	控制	控制
N	5357	5357	5357	5357	5357	5357
Adj R^2	0. 228	0. 271	0. 192	0. 213	0. 238	0. 203

6.4.5　稳健性检验

做如下稳健性检验：①对于模型（6-1）检验供应链集中度如何影响企业技术创新时，关于供应链集中度变量，采用以中位数为标准，设置虚拟变量的方法进行衡量；②考虑到供应链集中度特征变量对企业技术创新的影响可能存在滞后性，采用滞后期的供应链集中度特征变量引入模型，研究样本区间是 2010—2018 年，回归样本区间为 2006—2018 年，构建滞后变量模型进行检验；③构建 Heckman 两阶段模型。第一阶段建立 Probit 模型，分析供应链集中度特征变量的影响因素。本书以供应链集中度特征变量的中位数为标准，构建供应商集中度与客户集中度的虚拟变量作为因变量，同时选择供应链集中度特征变量的滞后一期变量（$Scis_{t-1}$、$Scic_{t-1}$）作为工具变量，代入 Probit 模型，求出逆米尔斯比率（IMR），将该比率作为控制变量引入模型（6-2），控制样本选择偏差。回归结果见表 6-6。

表 6-6　基于 Heckman 两阶段回归的稳健性检验

变量	第一阶段回归		第二阶段回归	
	(1) 因变量 Scis	(2) 因变量 Scic	(3) 自变量 Scis	(4) 自变量 Scic
$Scis_{t-1}$	0. 224* (1. 693)			
$Scic_{t-1}$		0. 742** (2. 492)		
Scis			-0. 042 (-1. 170)	
ICI×Scis			0. 013 (1. 174)	
Scic				-0. 026* (-1. 667)

续表

变量	第一阶段回归		第二阶段回归	
	(1) 因变量 Scis	(2) 因变量 Scic	(3) 自变量 Scis	(4) 自变量 Scic
ICI×Scic				0.033* (1.691)
ICI			0.014* (1.741)	0.016* (1.760)
IMR			0.222** (2.137)	0.485** (2.025)
Constant	5.090*** (8.058)	6.837*** (10.210)	5.291*** (9.224)	4.037*** (6.026)
Controls	控制	控制	控制	控制
N	5357	5357	5357	5357
Adj R^2	0.209	0.281	0.218	0.241

此外，为进一步检验内部控制对于供应链集中度与企业技术创新之间关系的调节效应，采用以内部控制的中位数为标准，将全样本分为内部控制质量较高组与内部控制质量较低组两组，分别对模型（6-1）进行回归，分组检验结果见表6-7。

表6-7 内部控制的分组检验回归结果

变量名称	内部控制质量较高组			内部控制质量较低组		
	RI	Invent	Ineff	RI	Invent	Ineff
Scis	-0.003* (-1.651)	-0.001 (-1.184)	-0.005 (-1.232)	-0.013** (-1.963)	-0.012* (-1.763)	-0.028* (-1.691)
Scic	-0.035 (-1.079)	-0.012 (-1.226)	-0.084 (-1.631)	-0.017* (-1.762)	-0.013* (-1.661)	-0.021* (-1.683)
Constant	3.287*** (13.198)	6.473*** (9.711)	5.522*** (16.389)	7.892*** (11.207)	8.616*** (12.824)	4.933*** (15.175)
Controls	控制	控制	控制	控制	控制	控制
Year	控制	控制	控制	控制	控制	控制
N	921	921	921	4436	4436	4436
Adj R^2	0.232	0.251	0.198	0.207	0.282	0.211

从表6-7的回归结果可以看出，两组样本中，供应链集中度特征变量的

系数符号与预期一致。在内部控制质量较高样本组中，供应商集中度（Scis）对于技术创新投入（RI）的系数在10%水平上显著为负，Scis对于技术创新产出（Invent）、技术创新效率（Ineff）的系数为负，但影响不显著。在内部控制质量较低样本组中，供应商集中度（Scis）对于技术创新投入（RI）的系数在5%水平上显著为负，高于内部控制质量较高样本组中10%的显著性水平，Scis对于技术创新产出（Invent）、技术创新效率（Ineff）的系数均在10%水平上显著为负，而内部控制质量较高样本组中的负向影响不显著，由此表明较高质量的内部控制弱化了供应商集中度（Scis）对企业技术创新的影响程度；对于客户集中度（Scic），内部控制质量较高样本组中，Scic对于技术创新三个变量的影响为负，但不显著，内部控制质量较低样本组中，Scic的系数在10%水平上显著为负，表明较高的内部控制质量弱化了客户集中度对技术创新的负向影响。综上，内部控制质量的提高能够抑制供应链集中度对企业技术创新的负向影响，检验结果与前文无实质性差异。

6.5　拓展性检验

在中国深入推进市场化改革的制度背景下，资源配置主体逐渐由政府向市场转变。随着市场化程度的提高，政府通过控制企业使其承担社会任务的干预程度减小，监管部门独立性增强，法律法规越完善，地方政府对法规的执行效力越大，会推动企业加强内部控制建设，市场化程度越高的地区，政府对市场干预程度降低，市场竞争强度增大，企业以“政府偏袒”方式获得经济资源的可能性减小，需要重视经营管理，加强内控建设以提高经营效率，增强风险防范能力（刘启亮等，2012）。具体地：①市场化进程越高的地区，机构投资者监督越有效（何丹等，2018），外部会计师事务所的独立性越强，审计师越会为降低上市公司被查处的监管风险，通过扩大测试范围和程度等方式，对发现企业内部控制制度设计与执行中存在的问题提出改进建议（徐虹等，2014），媒体监督治理作用越强，越会增大对企业内部控制制度设计与执行及企业技术创新过程中管理层自利行为曝光的“显性”约束功能（韩少真等，2015）；②市场化程度越高的地区，金融发展与法治发展水平越高。企业技术创新是风险较大、投资回收周期较长的活动，金融发展水平越高，金融工具越具多样性，金融机构专业性水平较高，会在一定程度上降低企业技术创新的融资风险。同时，伴随法治化水平的提高，契约完备性程度增强，利于约束政府干预行为。声誉机制的监督效应增强，企业内部控制实施及技术创新过程中大股东及管理层等套利违规行为所承担的声誉损失及违法成本增加，控制权市场更有效，经营不善的企业面临的被兼并收购的压力也将增大。市场竞争产生的“清算威胁”效应会在一定程度上抑制内部控制实施及技术创新过程中的机会主义行为。由此市场化程度的提高能够增强内部控制对于供应链集中度与企业技术创新之间关系的抑制作用。由此，提出假设 H6-3：市场化程度越高的地区，内部控制对于供应链集中度与企业技术创新之间关系的调节作用越显著。

为检验假设 H6-3，引入市场化进程变量 Market，借鉴逯东等（2018）的研究，采用王小鲁、樊纲等（2016）披露的各地区市场化进程总指数来衡量，以该指数的中位数为标准，将全样本划分为市场化程度较高（Market=1）和市场化程度较低（Market=0）两组，分别对模型（6-2）进行回归检验，结果见表 6-8。

表 6-8　市场化改革对内部控制调节作用的塑造效应检验

变量	市场化程度较低组（Market=0）			市场化程度较高组（Market=1）		
	RI	Invent	Ineff	RI	Invent	Ineff
Scis	-0.002* (-1.871)	-0.009* (-1.674)	-0.005* (-1.685)	-0.043 (-1.132)	-0.027 (-1.117)	-0.011 (-1.431)
ICI×Scis	0.135 (1.541)	0.227 (1.529)	0.121 (1.585)	0.007* (1.661)	0.003* (1.711)	0.002* (1.714)
Scic	-0.011* (-1.681)	-0.013* (-1.716)	-0.029* (-1.854)	-0.004 (-1.317)	-0.009 (-1.448)	-0.003 (-1.294)
ICI×Scic	0.008 (1.501)	0.016 (1.158)	0.005 (1.472)	0.001** (1.985)	0.002** (1.995)	0.004** (1.969)
ICI	0.002* (1.671)	0.004* (1.662)	0.001* (1.683)	0.051** (1.992)	0.028** (1.974)	0.061** (1.896)

续表

变量	市场化程度较低组（Market=0）			市场化程度较高组（Market=1）		
	RI	Invent	Ineff	RI	Invent	Ineff
Constant	8.521*** (15.967)	5.316*** (9.396)	4.027*** (16.546)	7.723*** (14.488)	6.223*** (10.513)	7.008*** (18.053)
Controls	控制	控制	控制	控制	控制	控制
Year	控制	控制	控制	控制	控制	控制
N	2624	2624	2624	2733	2733	2733
Adj R^2	0.226	0.204	0.242	0.207	0.282	0.211

从表 6-8 可以看出，两组样本公司间，内部控制的调节作用存在差异。对于供应商集中度与内部控制交互项 ICI×Scis，在市场化程度较低样本组中，ICI×Scis 的系数为正，影响不显著，在市场化程度较高样本组中，ICI×Scis 的系数在 10%水平上显著正相关，表明市场化程度提高，会增强内部控制对于供应商集中度与技术创新之间关系的调节效应。对于客户集中度与内部控制的交互项 ICI×Scic，在市场化程度较低样本组中，ICI×Scic 的系数不显著，在市场化程度较高样本组中，ICI×Scic 的系数在 5%水平上显著正相关，表明市场化改革能够增强内部控制对于客户集中度与企业技术创新之间关系的负向调节作用。综上，检验结果表明市场化程度较高样本组中，内部控制与供应链集中度特征变量交互项的作用显著效果增强，表明市场化改革对于内部控制的调节作用产生了塑造效应，增强了内部控制对于供应链集中度与企业技术创新之间关系的抑制程度，支持假设 H6-3。

6.6　本章小结

本书选取 2010—2018 年 A 股制造业上市公司为研究样本，考察供应链集中度的两方面特征——供应商集中度、客户集中度，研究供应链集中度对企业技术创新的影响，并检验内部控制对二者关系的调节效应，研究发现：①供应链集中度不利于企业技术创新，即供应商集中度越高，供应商资源异质性越小，企业技术创新程度越低；客户集中度越高，企业技术创新程度越低；②高质量内部控制能够抑制供应链集中度对企业技术创新的负向影响，有效的内部控制能够削弱供应商集中度和客户集中度对企业技术创新的负向影响程度；③市场化程度越高的地区，内部控制对供应链集中度与企业技术创新之间关系的抑制作用越显著。该研究对于企业合理布局供应商与客户，增强内部控制建设，提高企业技术创新实践提供了经验证据。

立足于上述研究结论和企业管理实践，我们得出管理启示如下：①供应链集中度体现了企业的供应商和客户所拥有创新资源的异质性程度。企业应基于供应链视角分散供应商与客户，降低供应链集中度，以获取技术创新所需的异质性资源，增强技术创新能力。②企业应加强内部控制建设，以提高内部控制对于供应链的内部整合能力，充分发挥内部控制对于供应链集中度与企业技术创新之间关系的调节效应。③深入推进市场化改革，寻求提高企业内部控制质量以缓解供应链集中度对企业技术创新负向影响的宏观治理机制，如增强法治水平、金融机构发展水平、监管部门执行效力等。

第7章　高管团队异质性、内部控制与企业技术创新

7.1　引言

随着中国从制造业大国向制造业强国的迈进，制造业创新驱动发展日益成为构筑制造业竞争优势的重要引擎，促进企业技术创新水平提升是制造业可持续发展的关键。新时代“大智移云”“物联网”“供应链金融”等经济形态正在重塑传统制造业，给企业的竞争战略、业务流程、劳动形态、文化建设等管理实践带来巨大冲击。为应对外部环境变化，企业更倾向于采用团队决策模式。而企业技术创新具有正外部性、投入高、风险大等特性，由此技术创新活动是成本收益权衡等决策的结果，高管团队作为企业决策的核心，在技术创新过程中发挥关键作用。当下，高管团队成员日趋多样化，团队成员间人口背景特征及认知观念、价值观等存在差异，形成高管团队异质性，这种异质性会如何影响企业技术创新？同时，高管团队，在内部控制制度的设立及执行过程中发挥主导作用，高管团队异质性势必会影响内部控制实施。2017年COSO《企业风险管理框架》将风险管理融入治理过程，由此企业文化、业务流程等内部控制建设显得尤为重要，且我国《企业内部控制应用指引》针对企业研发项目立项、研发人员配备、研发过程管理、研发成果转化等过程提出了专门控制措施，那么，高管团队异质性会怎样影响内部控制实施？新时代数字经济背景下，企业的生产模式、劳动形态等会随之变化，企业内部控制面临动态变革，又会怎样作用于技术创新？技术创新过程是高管团队异质性、内部控制实施等多因素共同作用的现实，但相关研究较为零散，更多学者选择某一角度进

行研究，缺乏系统性研究。由此，本书将高管团队异质性、内部控制与企业技术创新纳入一个分析框架，综合探讨其相互影响路径与作用机理。对上述问题的探讨，在理论上丰富了企业技术创新影响因素研究，在实践上为制造业明晰提升技术创新的着力点提供借鉴。

鉴于高管团队异质性、内部控制和企业技术创新等因素，不能仅依赖于某一显性指标直接测量，需要采用多指标综合衡量。因此，使用传统的多元回归分析方法分析内部控制、高管团队异质性对企业技术创新的影响会比较困难，且无法考察其相互作用机理与结构关系，故本书选取2010—2018年A股制造业上市公司为研究对象，采用结构方程模型方法进行实证分析，以在提高计量精度的同时揭示各变量之间深层次的作用机理，系统分析高管团队异质性、内部控制与企业技术创新之间的相互影响路径和程度。

7.2 理论分析与研究假设

本书拟基于高管团队异质性视角，探究高管团队异质性对企业技术创新的影响及高管团队异质性对企业内部控制实施的影响，从而获得高管团队异质性和内部控制对企业创新驱动的影响途径和作用机理。主要从下述三方面论述高管团队异质性、内部控制与企业技术创新的关系，提出相应研究问题：高管团队异质性对企业技术创新的影响如何？高管团队异质性对内部控制的影响如何？内部控制对企业技术创新的影响如何？

7.2.1 高管团队异质性对企业技术创新的影响

高层梯队理论（Upper Echelons Theory）认为，由于企业运营所处内外部环境的复杂性和动态多变性，管理者自身的感知能力、认知能力、风险意识等会影响其决策的方式方法，而高管团队成员的年龄、教育等异质性特征，则直接影响管理者的主观决策行为。本书借鉴黄登仕和祝晓斐（2016）、赵息等（2017）的研究，选取高管团队异质性的静态维度——高管团队人员学历异质性、高管团队人员年龄异质性及高管团队异质性的动态维度——高管团队人员社会关系异质性，系统探究高管团队异质性对企业技术创新的影响。

关于高管团队异质性有两种理论：一是社会认同理论；二是信息决策理论。社会认同理论强调个体对群体的认同，认为个体会通过某种分类方式将自己归类于一个社群中，因自身与社群成员拥有共同特征而对群体产生认同意识，由此会产生内群体偏好和外群体偏见现象。根据社会认同理论，企业高管团队若在年龄、学历、社会关系这些人口背景特征上相似度越高，就越可能会有相似的认知能力、感知能力、价值观和战略选择，更利于各成员之间的协同配合；否则，由于外群体偏见容易产生矛盾、合作障碍，将最终导致低效和低质量的战略决策，从而影响企业技术创新的发展。如刘兵等（2015）研究发现，高管团队成员的年龄、任期及职业背景的异质性程度越高，企业绩效表现越差。朱晋伟等（2014）研究表明，高管团队在性别、年龄、教育水平和就职时间等特征方面的异质性越高，反而越不利于企业技术创新驱动；张春雨等（2018）研究发现高管团队的职能经验、教育水平等异质性程度越高，其技术创新绩效越差。由此可以看出，若高管团队成员在年龄、学历、社会关系等方面存在较高异质性，则在进行企业战略决策、评价企业绩效和技术创新等方面会产生不利影响。

从信息决策理论角度，高管团队异质性可以为企业决策提供更加全面的信息，可以提高企业决策质量（杨浩等，2015）。高管团队异质性越大，比如团队成员的性别、年龄和任期的异质性越大，思想观点碰撞会越多，对于企业重大事项决策等更易产生分歧，由此会在一定程度上更易打破原有的思维定式，促进企业进行技术创新；但若高管团队成员同质化较严重，会导致团队成员之间的思维相似，缺乏技术创新所需突破性思维。由此，高管团队异质性越高，企业技术创新活动越活跃。如胡晓等（2014）研究发现，高管团队教育程度的异质性与企业技术创新显著正相关，高管团队成员异质性能够促进企业技术创新能力的提高。陈忠卫等（2009）研究表明，高管团队的年龄异质性越大，企业技术创新绩效越高。不同年龄阶段的高管人员有着不同的认知观和决策观。同时，企业高管团队学历和职能背景的异质性在提升创新效率方面起积极作用。拥有政府机关工作经历的高管人员会更关注企业的发展是否满足所在地区政府对企业的期望；在教育部门或其他非营利组织工作过的高管人员通常具有更强烈的社会正义感和更高尚的道德观，也就会更注意企业产品质量安全、企业环保等问题（韩庆潇等，2017）。这些研究表明，高管团队成员差异性越大，不同的社会经验与教育水平将会使成员们在面对问题时，存在更广的视角和不同的侧重点，从而为公司决策提供更加全面的有效建议，促进企业技术创新。综上，我们提出竞争性假设：

H7-1a：高管团队异质性越大，企业技术创新程度越低。

H7-1b：高管团队异质性越大，企业技术创新程度越高。

7.2.2 高管团队异质性对内部控制的影响

关于高管团队异质性对内部控制的影响，多集中于从高管个体视角研究高管背景特征、高管权力、高管薪酬激励等对内部控制质量的影响（赵息等，2013；吴秋生等，2013；许瑜等，2017）。关于高管团队对企业内控的影响，主要通过考察高管团队同质性特征，如高管团队的平均学历、平均年龄和平均就职时间等同质性对内部控制的影响（杨瑞平等，2016）；近年来，有学者开始关注研究高管团队年龄异质性、学历异质性等异质性特征对内部控制的影响（李端生等，2017；周虹等，2018）。

企业内部控制包括五要素——控制环境、风险评估、控制活动、信息与沟通、内部监督，科学的内部控制制度设计及制度的有效执行是确保内部控制目标实现的前提条件。高管团队成员间管理风格、风险意识及工作经历的差异是影响内部控制制度实施的重要内部控制环境因素，会在一定程度上影响内部控制有效性（李端生，2017）。由此，本书综合考虑高管团队异质性的动态维度与静态维度，选取高管团队异质性的三方面特征——年龄异质性、学历异质性、社会关系异质性，探究高管团队异质性如何通过影响内部控制制度的设立与执行，进而影响内部控制质量的作用机理，见图 7-1。

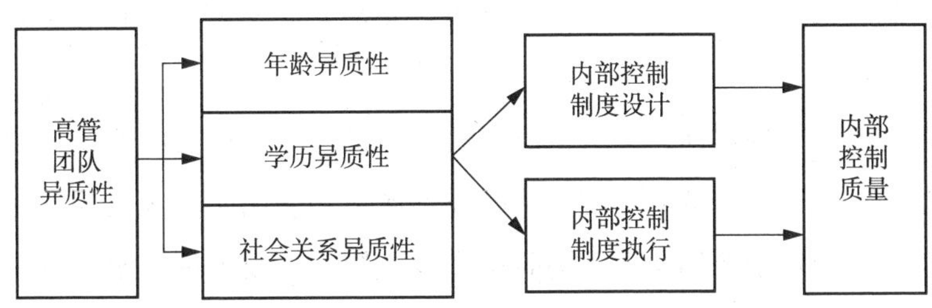

图 7-1　高管团队异质性对内部控制影响的作用机理

高管团队成员在年龄、教育、社会关系等方面存在差异，而这些差异在一定程度上影响团队成员的社会角色和社会地位，从而会对高管成员之间的交流与合作产生影响。根据高层梯队理论，高管团队成员的人口背景特征呈多样性，高管团队异质性的表现形式多样，其中，年龄异质性方面，人处于不同年龄阶段会呈现出不同风险意识、决策方式、有不同的发展需要；学历异质性方面，不同教育背景意味着拥有不同知识结构、认知能力、价值判断能力等，当前价值多元化发展，教育背景体现一个人的总体文化素养，直接影响其价值观形成（聂小娟，2019）。由此，高管团队成员的年龄异质性与学历异质性两个特征是影响高管团队决策质量的关键因素，故本书选取高管团队异质性的静态维度两个特征——年龄异质性和学历异质性，同时，结合中国关系型社会的制度背景，考虑高管的社会关系，最终从年龄异质性、学历异质性、社会关系异质性三个方面考察高管团队异质性。

基于高阶梯队理论（Upper Echelons Theory），年龄异质性会导致高管团队成员在风险意识、行为方式、决策观念等方面的差异。就年龄特征而言，年少的管理者经历较少的社会磨砺，他们相对于年长的管理者更自由无畏、具有冒险意识，能够勇敢地追求目标。因此，年少的管理者具有更前卫的决策理念，在标准化决策和及时决策中，他们更倾向于选择后者，并承担由此产生的风险（Hambrick & Mason，1984）。高管团队成员之间的年龄异质性越大，团队中希望取得高风险回报的年少管理者与希望规避风险的年长管理者之间越能够互补，从而使制度安排的质量得到提高，且极端风险偏好或者极端风险规避也得到避免（梁青青，2019）。由此，从内部控制制度安排的角度看，企业高管团队年龄异质性越大，越利于内部控制质量提高。

在学历异质性方面，一般情况下，学历可以反映成员的相关专业知识涉及范围和水平，团队成员的学历差异性越大，表明团队成员相关专业知识涉及范围和水平差异越大；同时相关专业知识涉及范围及水平不仅决定着高管团队成员的知识体系构成，也决定着团队成员思维意识、分析方法、观察判断和处理问题的方法（张兆国等，2011），因此一定程度上决定着高管团队成员的思维方式和工作方式，具有高度异质性的高管团队从多方位对内部控制系统安排和运行进行研究、理解和判断，通过多种方式收集、整理、处理和反馈相关信息，为企业风险评估和防范带来更多的有效信息，保障和提高内部控制的质量（许萍和陈格，2018）。具有高度学历异质性的高管团队，团队成员会从更多角度提出意见，集体思考带来优势互补，避免了片面的分析与决策，既能保证体系的制度安排，也可以改善运行质量，即高管团队学历异质性越大，企业内部控制质量越高。

基于资源基础观，在中国“关系式”社会的特殊制度环境中，高管团队成员社会关系是获取异质性资源的重要因素（梁凯丽和郑强国，2018），并通过这些具有差异性的资源进行内部控制建设。其中，高管成员可以通过社会关系从相关人员那里获取所需资源（吴翔，2019），例如获取直接的相关信息来间接帮助企业“融入”社会网络，在很大程度上便于企业建立内部控制制度与获取所需资源，改善企业自身的内部控制条件。因此，高管团队成员社会关系异质性程度越高，越有利于企业间信息的流动，便于企业在内部控制实施中寻求最优解决方案，提升内部控制质量，即高管团队社会关系异质性越大，企业内部控制质量越高。由此，提出假设 H7-2：高管团队异质性越大，企业内部控制质量越高。

7.2.3 内部控制对企业技术创新的影响

关于内部控制与企业技术创新的影响，研究结论不一致：一部分学者认为有效的内部控制将有利于实现企业技术创新过程的规范化，进而促进提升企业技术创新产出率，较高质量的内部控制，尤其是公司层面的内部控制对企业技术的创新和价值创造能力有显著正向影响（Verona，1999；王运陈等，2015；黄莲琴，2016；杨林，2017；杨清香等，2017）；另一部分学者指出，过于强调制度化的内部控制会抑制员工的创新精神，严格的控制和审批会降低高管对技术创新等风险性项目的投入意愿，由此降低企业创新效率（张娟等，2016）。

风险评估是内部控制的一个重要环节，需要企业对所面临的内外部风险进行有效评估，并结合企业自身情况，确定其风险容忍度，进而采取风险防控措施。内部控制制度内嵌于企业技术创新过程，有效的内部控制能够通过控制活动，形成内部监督与激励机制，进而影响企业技术创新：①内部控制可以通过完善公司管理流程，规范企业管理层对技术创新投入的决策过程，降低企业管理者的道德风险和代理冲突，规避盲目扩大投资或减少投资的非理性投资现象，降低非效率研发投资行为发生率（池国华等，2016）；②内部控制能够对企业技术创新活动实施全过程监督，从技术创新构思生成、研发投入技术开发到技术创新的管理与组织、创新产品市场营销等系列活动进行监督管理，从各个环节增强技术创新风险管控能力，促进企业实施高质量创新项目，提高创新投资效率；③企业创新投资具有回报周期长、高风险等特征，企业创新投资所面临的主要困境是融资困难（Brown et al.，2012；卢馨等，2013）。而内部控制质量较高的企业倾向于及时进行信息披露，以缓解企业内外部信息不对称问题（树成琳，2016）。有效的内部控制能够促使企业披露更可靠的创新投资相关信息，以向投资者传递公司形象和增强投资者信心，利于投资者准确识别创新项目的投资价值，缓解逆向选择行为，这在一定程度上能够缓解企业创新投资面临的融资困境（王治等，2015），即内部控制可以通过提高企业信息透明度和降低投资者的风险溢价，降低企业的融资成本（秦娜等，2018），促进企业进行技术创新。由此，提出假设 H7-3：较高的内部控制质量对企业技术创新具有促进效应。

7.3 研究设计

7.3.1 样本选择与数据来源

本书以 2010—2018 年沪深两市 A 股制造业上市公司为研究对象，剔除：①ST、＊ST 等 T 类公司；②研究所需相关数据——高管团队异质性、内部控制及技术创新等数据缺失的上市公司。最终得到 4217 个样本观测值。主要数据来源如下：CSMAR 数据库、RESSET 数据库和 Wind 数据库等。本书首先对样本进行信度及效度分析，其次再对结果进行结构方程模型检验，采用软件主要是 SPSS 和 AMOS。

7.3.2 变量选取

基于上述理论分析及研究假设，本书进行变量定义前，首先构建高管团队异质性、内部控制与企业技术创新的概念模型。该概念模型体现了高管团队异质性对企业技术创新的影响，内部控制对企业技术创新的影响，及高管团队异质性、内部控制与企业技术创新之间的影响关系，如图 7-2 所示。

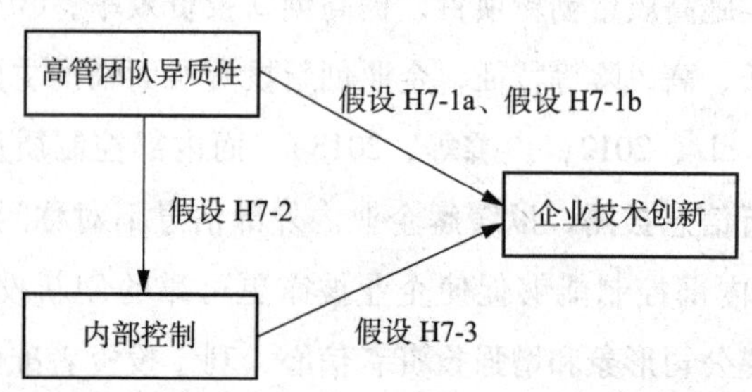

图 7-2 高管团队异质性、内部控制与企业技术创新的概念模型

基于构建的概念模型，本书设计结构方程模型，需要 3 个潜在变量和 9 个显性变量，对其解释如下所示：①内源潜在变量。企业技术创新（Tech）中包含 4 个内源显性变量——技术创新投入（RI）、技术创新产出（Invent）、技术创新效率（Ineff1）和技术创新效率（Ineff2）；②外源潜在变量。分为内部控制和高管团队异质性。内部控制对应的外源显性变量包括内部控制信息披露和迪博·中国上市公司内部控制指数两个；高管团队异质性对应 3 个外源显性变量——年龄异质性（Age），学历异质性（Edu）和社会关系异质性（Soc）。变量的具体定义如表 7-1。

表 7-1 变量的界定及计算方法

潜在变量	显性变量	计算方法
内部控制（IC）	信息披露（ICD）	年报中提及内部控制的次数
	内部控制指数（ICI）	迪博·中国上市公司内部控制指数
高管团队异质性（TMT）	年龄异质性（Age）	采用 Herfindahl 指数（$H=1-\sum P_i^2$）来表示，P_i 是第 i 类成员在团队中所占的比例。借鉴周虹等（2018）的研究，年龄分段为 25 岁以下、26~35 岁、36~45 岁、46~55 岁、56 岁及以上，共 5 段
	学历异质性（Edu）	总经理学历差异，采用 Herfindahl 指数（$H=1-\sum p_i^2$）来表示，教育水平分段为高中及以下、大专、本科、硕士、博士及以上
	社会关系异质性（Soc）	社会关系分为政府背景、海外背景、兼职其他公司或学校职务、部队背景、非营利单位背景及其他，每项赋值 1 分，有多项可叠加分值
企业技术创新（Tech）	技术创新投入（RI）	企业 R&D 投入/当期主营业务收入
	技术创新产出（Invent）	用发明专利申请数量表示
	技术创新效率（Ineff1）	曼奎斯特指数法求出的创新效率，创新投入/创新产出
	技术创新效率（Ineff2）	DEA 法求出的创新效率，创新投入/创新产出

根据本书构建的概念模型及上述为潜在变量设定的显性变量进行实证检验，目的是检验本书所提假设，以下构造结构方程模型来进行实证研究。结构方程模型体现了潜在变量和显性变量之间以及潜在变量之间的联系，本书构造的结构方程模型包含结构模型和测量模型两个部分。

7.3.3 模型构建

为进一步研究外源与内源潜在变量之间的内在联系，采用结构方程模型，根据本书假设，构建如下结构方程式：

$$\text{Tech}=\gamma \text{IC}+\beta \text{TMT}+\zeta$$

γ 是用来衡量内部控制与企业技术创新之间关系的路径系数，β 是用来衡量高管团队异质性与企业技术创新之间关系的路径系数，ζ 是内生潜在变量的残差项，表示内源潜在变量无法被完全解释的估计误差。将上述概念模型转化为结构方程路径模型 SEM-1，如图 7-3 所示。

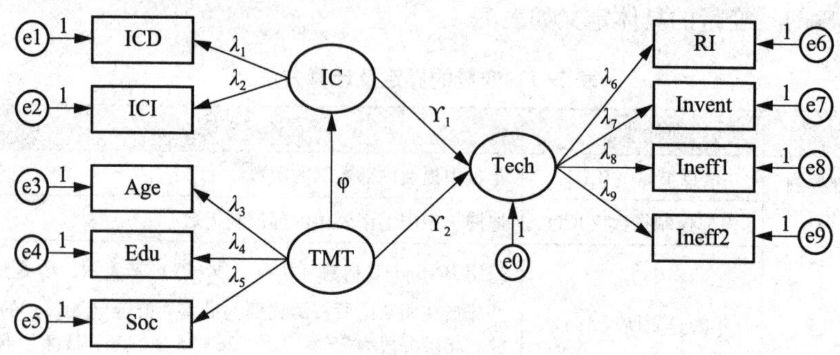

图 7-3　SEM-1 路径图及其参数

其中，λ 为显性变量与潜在变量之间的路径系数，γ 为内源潜在变量与外源潜在变量之间的路径系数，φ 为潜在变量之间的协方差系数。我们将通过 γ、φ 系数的大小、符号及其显著性水平，检验研究假设。

1. 测量模型构建

测量模型用于规定各潜在变量与相应显性变量之间的联系，本书构建的测量方程如下：

$$ICD=\lambda_1 IC+\delta_1$$

$$ICI=\lambda_2 IC+\delta_2$$

$$Age=\lambda_3 TMT+\delta_3$$

$$Edu=\lambda_4 TMT+\delta_4$$

$$Soc=\lambda_5 TMT+\delta_5$$

$$RI=\lambda_6 Tech+\varepsilon_1$$

$$Invent=\lambda_7 Tech+\varepsilon_2$$

$$Ineff1=\lambda_8 Tech+\varepsilon_3$$

$$Ineff2=\lambda_9 Tech+\varepsilon_4$$

用矩阵表示为：

外源显性变量的测量方程：
$$\begin{bmatrix} ICD \\ ICI \\ Age \\ Edu \\ Soc \end{bmatrix} = \begin{bmatrix} \lambda_1 & 0 \\ \lambda_2 & 0 \\ 0 & \lambda_3 \\ 0 & \lambda_4 \\ 0 & \lambda_5 \end{bmatrix} \times \begin{bmatrix} IC \\ TMT \end{bmatrix} + \begin{bmatrix} \delta_1 \\ \delta_2 \\ \delta_3 \\ \delta_4 \\ \delta_5 \end{bmatrix}$$

内源显性变量的测量方程：
$$\begin{bmatrix} RI \\ Invent \\ Ineff1 \\ Ineff2 \end{bmatrix} = \begin{bmatrix} \lambda_6 \\ \lambda_7 \\ \lambda_8 \\ \lambda_9 \end{bmatrix} \times [Tech] + \begin{bmatrix} \varepsilon_1 \\ \varepsilon_2 \\ \varepsilon_3 \\ \varepsilon_4 \end{bmatrix}$$

其中，λ_i 是因子载荷，反映潜在变量与显性变量的关联强度；δ_i 是测量误差，表示外源显性变量被外源潜在变量解释不完全的部分；ε_i 也是测量误差，表示内源显性变量被内源潜在变量解释不完全的部分。

2. 模型路径图

基于前述假设，根据结构方程模型路径图标规则，将研究假设的概念模型转化为结构方程路径模型 SEM-1，如图 7-4 所示。

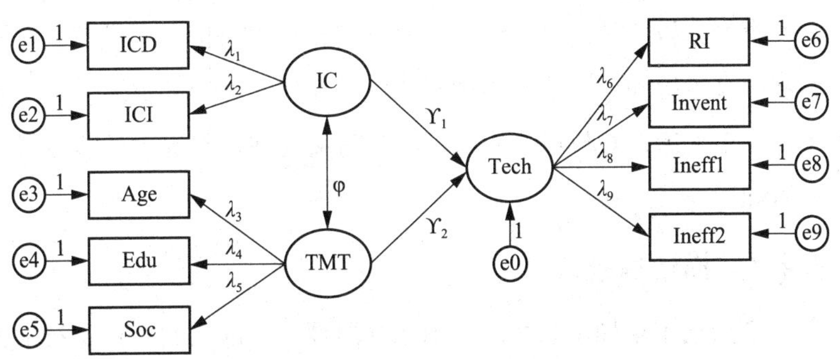

图 7-4　SEM-1 路径图及其参数

在路径图中，椭圆形表示无法直接测量的潜在变量，长方形表示可以直接测量的显性变量，圆形表示不具实际测量的误差变量。单向箭头表示影响路径，箭头起点为自变量，即外源变量，箭头终点为因变量，即内源变量，双向箭头表示变量之间存在共变关系。

为了提高参数估计的自由度和可测性，在潜在变量的验证性因素测定过程中 AMOS 默认其对应的第一个观察变量的因子荷载为 1。

图 7-4 的路径图模型中，λ 为显性变量与潜在变量之间的路径系数，γ 为内源潜在变量与外源潜在变量之间的路径系数，φ 为潜在变量之间的协方差系数。我们将通过 γ、φ 系数大小、符号与显著性考察研究变量之间的相关性，从而检验研究假设。

7.4 结构方程实证结果分析

数据分析是通过对实际观测得到的数据进行分析，从而发现变量特征、变化规律以及变量之间的相互关系，其结果可供人们检验研究假设或回答研究问题。本章首先将利用 SPSS 计算出各显性变量的描述性统计指标，并对所得到的描述性统计结果进行总体说明。继而通过对样本数据的分析来验证概念模型中的关键因子，并分别运用 SPSS 工具和结构方程工具（构建 CFA 模型）对所获样本数据的信度、效度（收敛效度、区分效度）进行检验。在对整个样本数据进行了信度、效度分析之后，继续采用结构方程模型分析工具，建立结构方程模型，在对结构方程模型进行识别性检验和拟合性检验后，验证所研究的各潜在变量之间的关系。在展示了数据统计结果之后，对数据分析结果结合前文的理论与提出的假设进行比对、分析和讨论。

7.4.1 描述性统计

表 7-2 给出了全样本公司高管团队异质性、内部控制、企业技术创新等潜在变量的描述性统计。

表 7-2 显性变量描述性统计

变量名称	平均值	最小值	最大值	标准差	偏度	峰度
RI	0. 095	0. 021	0. 103	1. 801	1. 072	1. 033
Invent	6. 981	1	12	1. 791	1. 14	2. 06
Ineff1	0. 301	0	0. 679	0. 788	1. 09	2. 81

续表

变量名称	平均值	最小值	最大值	标准差	偏度	峰度
Ineff2	0.289	0	0.892	0.912	1.65	1.35
ICD	2.051	1	8	2.575	2.11	1.28
ICI	1.012	0.852	3.084	2.427	1.252	2.731
Age	11.627	4	15	2.137	1.277	2.307
Edu	0.635	0.199	0.812	0.090	2.01	1.81
Soc	0.517	0.392	0.837	0.015	1.04	1.12

从表7-2可知：①企业技术创新各测量变量的最小值偏小（较小），表明部分企业的技术创新行为无效，创新投入偏低、创新效率低下；企业技术创新各变量的极差（$R=X_{max}-X_{min}$）较大，表明不同上市公司进行技术创新的表现呈现严重的两极分化，一部分公司十分重视技术创新活动，而另一部分公司则不重视技术创新活动；②在内部控制各测量指标中，内部控制信息披露变量（ICD）的最小值和平均值均偏低，即年报中提及内部控制的次数最小值是1次，均值仅略高于2次，原因可能在于《企业内部控制基本规范》《企业内部控制配套指引》等规章制度中，对于上市公司内部控制信息披露的相关规定尚不完善，多数上市公司并不重视内部控制的披露，所以本书认为可以从规定和监督两方面来完善上市公司的内部控制披露：一方面，相关部门可以通过制定有关法规条例要求企业进行内部控制信息的披露，并规定信息披露的内容和质量；另一方面，相关部门要注重相关监督工作的开展，及时教育并严惩不符合相关规定的企业，以督促企业披露内部控制信息。从可以全面反映我国上市公司内部控制的有效性指标——内部控制指数ICI上看，我国上市公司ICI整体偏低，也反映出由于我国内部控制发展才刚刚起步，导致了目前企业的内部控制水平整体不高。就目前的水平来说，如此低效的内部控制难以对企业的发展起到有效的作用，所以为了企业较好发展，上市公司应重视并规范企业的内部控制制度，真正让内部控制活动起到应有的作用。

7.4.2　信度、效度与拟合优度检验

进一步运用AMOS软件对测量模型进行了验证性因子分析，参数估计

如表 7-3 所示。由表 7-3 可知，各显性变量在所属潜在变量上的标准化系数均处在可接受范围，显示各显性变量具有较好的信度。

表 7-3 验证性因子分析模型参数估计

潜在变量	显性变量	标准化系数	SMC	CR	AVE
企业技术创新	RI	0.559	0.471	0.771	0.525
	Invent	0.748	0.717		
	Ineff1	0.761	0.529		
	Ineff2	0.531	0.322		
内部控制	ICD	0.787	0.601	0.729	0.653
	ICI	0.732	0.676		
高管团队异质性	Age	0.703	0.541	0.816	0.610
	Edu	0.831	0.643		
	Soc	0.709	0.621		

为检验各测量变量的相关性，进行 Cronbach's α 信度检验，采用 Cronbach's α 系数作为量表信度的评判标准。Cronbach's α 值越大，表示该变量的各测量指标之间的相关性越大，即内部一致性程度越高。通常，Cronbach's α 大于 0.7 表明是高信度，0.5 是最低可接受的信度水平，低于 0.35 是低信度。本书各测量变量的统计结果见表 7-4。

表 7-4 Cronbach's α 系数

潜在变量	观察变量	Cronbach's α	变量个数
企业技术创新	Invent、RI、Ineff1、Ineff2	0.852	4
内部控制	ICD、ICI	0.712	2
高管团队异质性	Age、Edu、Soc	0.724	3

如表 7-4 所示，企业技术创新测度变量中的 4 个显性变量的 Cronbach's α 值为 0.852，表明本书确定的企业技术创新测度指标的信度较高，显性变量之间具有较高的内部结构一致性；内部控制和高管团队异质性各共同因子组成项目的 Cronbach's α 系数分别为 0.712 和 0.724，均超过 0.7 的判断标准，表明它们的信度都很高，相应显性变量之间体现出较好的内部结构一致性，也说明了本书所使用的研究变量和研究数据具有非常

好的质量，模型具有较好拟合度。

7.4.3　假设关系检验

表 7-5 给出了结构方程模型 SEM-1 采用极大似然估计后得出的各潜在变量之间关系系数的标准化估计值、P 值以及研究假设的显著性检验结果。

表 7-5　模型 SEM-1 中各个潜在变量路径关系的参数估计

路径	参数	标准化系数	P 值	对应假设	检验结果
内部控制→技术创新	γ_1	0.391	0.000	H7-3	支持
高管团队异质性→技术创新	γ_2	0.572	0.001	H7-1a、H7-1b	支持 H7-1b
高管团队异质性→内部控制	φ	0.416	0.002	H7-2	支持

由表 7-5 可以判断研究假设的真伪性：

1. 高管团队异质性对企业技术创新的影响

技术创新是企业开拓市场、持续发展的重要途径，而高管团队的构成决定着企业创新技术发展，影响企业技术创新能力的提升。由表 7-5 可得出，企业高管团队的异质性对企业技术创新有正向的路径系数，在 1%水平上显著。即高管团队异质性越大，越利于企业进行技术创新。原因可能在于本书主要考察了高管团队异质性的三个方面——高管团队年龄异质性、学历异质性、社会关系异质性，这意味着高管团队在年龄、学历方面的异质性越高，其学识、经验等方面差异越大，越能够对于企业发展提出多样化的观点，越利于提高企业技术创新战略决策水平。同时，在注重社会关系网络的中国文化中，社会关系异质性较高的高管团队，具备整合社会资源的优势，具有信息及资源获取方面的便利，尤其对于技术创新这一需要大量信息及资源的活动，高管团队社会关系丰富的优势凸显。由此，高管团队异质性对企业技术创新具有正向影响，与王辉等（2015）的研究结论相一致，高管团队异质性越大，越有可能推动企业进行技术创新。假设 H7-1b 得到验证，符合信息决策观。

2. 高管团队异质性对内部控制的影响

根据高层梯队理论，一是高管团队年龄异质性越大，管理者之间越可以在认知等方面相互弥补，从而提高决策的质量，避免极端风险偏好或极端风险规避事件的发生。二是高管团队学历异质性较大，团队成员分析、判断问题的角度会更加多样化，带来较多关于企业风险防控的相关信息，以促进提升内部控制质量。三是高管团队社会关系异质性越大，表明高管团队成员拥有较多不同的社会关系，在中国关系型社会文化中，较多的社会关系意味着能够为企业内部控制建设提供较强的资源获取能力，进而促进内部控制建设，假设 H7-2 得到验证。

3. 内部控制对企业技术创新的影响

健全有效的内部控制能够增强企业风险管理能力，提高技术创新活动的规范性，不仅促进管理者提升技术创新决策的质量，且能够规范技术创新活动流程，规避技术创新风险。此外，较高质量的内部控制是企业实现创新目标和股东价值最大化的保障，由表 7-5 的结果可以看出，内部控制对企业技术创新的标准化路径系数为 0.391，并在 1%水平上显著为正，即参数经过显著性检验表明，内部控制能够促进企业技术创新。由此得到企业内部控制制度的制定与执行越有效，技术创新活动也越能得到保障，即高质量内部控制对企业技术创新活动具有促进效应，支持假设 H7-3。

4. 综合分析

本书为解释高管团队异质性、内部控制与企业技术创新之间的关系，构建了结构方程模型，基于我国上市公司技术创新数据，实证检验了研究假设，得出：①较高的内部控制质量能够为企业技术创新提供保障，对企业技术创新具有显著促进作用；②高管团队异质性越高，越利于团队成员群策群力，优势互补，从而促进企业内部控制质量提高；③高管团队异质性较高，高管团队成员有着不同的认知和价值观念，因此其获得的信息具有差异化的特点，不同信息的互补能够拓展成员的视野，有利于团队更高效地解决问题，对企业技术创新有显著促进作用。

由此得出：一是高管团队成员作为企业内部控制制度设立与执行、企业技术创新的决策主体，发挥着至关重要的作用，应注重高管团队成员配置在年龄、学历、社会关系方面的异质性；二是企业应该正确看待技术创新活动所存在的风险，重视企业内部控制建设，着力设计与执行有效的内部控制制度，并根据技术创新过程中的实施情况，进行及时、全方位的反馈、修正，助力企业技术创新；三是企业需要重视高管团队在内部控制制度实施、技术创新活动中的主体作用，正视技术创新过程中的风险问题，从技术创新战略设定到具体执行，在技术创新活动的每个环节中，构建与实施有效的内部控制体系，助力企业技术创新。

7.4.4　稳健性检验

高管团队异质性、内部控制与企业技术创新三者互相依存，不能独立存在。研究数据表明公司规模、资本结构、股权特征等公司自身特征与企业技术创新密切相关，因此本书在模型中加入规模（Size，用公司总资产的自然对数表示）、国有股比例（Share，用国有股总数除以企业股本总数表示）、资本结构（Lev，用资产负债率表示）等控制变量，考察在考虑控制变量情况下，内部控制、高管团队异质性与企业技术创新的关系，得到新的结构方程模型 SEM-2，如图 7-5 所示。

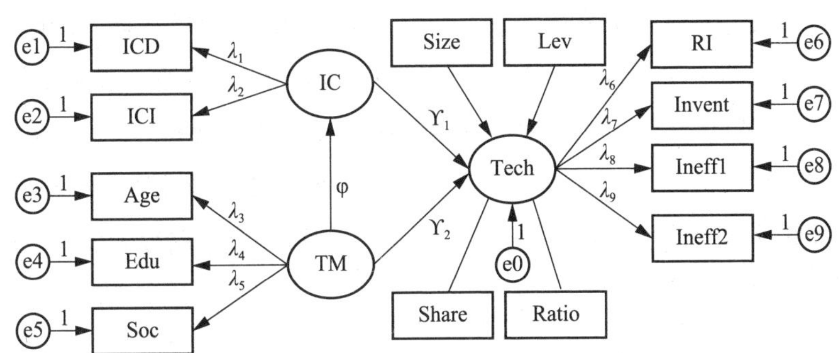

图 7-5　SEM-2 的结构方程路径图及其参数

利用 AMOS 将样本数据代入上述模型，进行结构方程模型的求解分析，各参数的标准化估计值、P 值及研究假设的显著性检验结果见表 7-6。

表 7-6　模型 SEM-2 中研究变量路径关系的参数估计

路径	参数	标准化系数	P 值	对应假设	检验结果
内部控制→技术创新	γ_1	0.362	0.000	H7-3	支持
高管团队异质性→技术创新	γ_2	0.317	0.002	H7-1a、H7-1b	支持 H7-1b
高管团队异质性→内部控制	φ	0.265	0.003	H7-2	支持

续表

路径	参数	标准化系数	P 值	对应假设	检验结果
公司规模→技术创新	γ_3	0.214	0.005		
资本结构→技术创新	γ_4	0.193	0.006		
国有股比例→技术创新	γ_5	-0.341	0.004		
持股比例→技术创新	γ_6	0.238	0.007		

与模型 SEM-1 实证结果表 7-5 相比，在表 7-6 中，一方面，企业治理特征变量对技术创新有影响：公司规模、持股比例、资本结构与企业技术创新呈较明显的正向相关关系，而国有股比例与企业技术创新呈显著负向相关关系，表明在公司规模越大、资本结构越合理、持股比例越高的情形下，企业技术创新程度越高。而国有股比例越大，企业技术创新程度越低，所得结论与相关研究一致；另一方面，内部控制与企业技术创新之间的路径系数为 0.362，并在 1%的水平上显著，表明内部控制越有效，越利于企业技术创新；高管团队异质性与企业技术创新之间的路径系数为 0.317，并在 1%水平下显著为正，表明异质性较高的高管团队，能够促进企业技术创新活动；高管团队异质性与内部控制在 1%水平上显著正相关，表明企业高管团队异质性越大，越利于提高内部控制质量，与前文结论无实质性区别；由此，考虑其他影响企业技术创新的因素（如公司特征等）后，高管团队异质性、内部控制对企业技术创新的影响路径未变，表明上述实证结果是可靠的。

7.5 本章小结

缘于所有权与经营权的分离，现代企业委托代理关系中高管团队掌握企业实质控制决策权，高管团队成员在年龄、教育背景、社会经验等方面的异质性，使团队成员拥有不同的思维与行为方式，会做出不同的企业运营决策。本书基于高层梯队理论，将高管团队异质性、内部控制与企业技术创新纳入一个分析框架：一是探究高管团队异质性对于企业技术创新的作用机理，力求从人为因素角度寻求促进企业技术创新的路径；二是基于高管团队在企业内部控制制度的设计与执行过程中发挥关键性作用，探究高管团队的年龄、学历、社会关系等异质性特征对企业内部控制质量的影响；三是考虑到内部控制是企业技术创新的内部环境，势必会对企业技术创新投入、技术创新产出、技术创新效率等方面产生影响，研究内部控制对企业技术创新的影响。本书选取 2010—2018 年沪深两市 A 股制造业上市公司为研究对象，通过构建结构方程模型，系统探究高管团队异质性、内部控制与企业技术创新之间的相互作用关系与影响路径，研究发现：①高管团队异质性对企业技术创新有显著正向影响；②高管团队异质性越高，企业内部控制质量越高；③内部控制质量的提高能够促进企业技术创新。

立足于上述研究结论和企业的管理实际，我们得到如下管理启示：①企业需要注重高管团队成员在学历、年龄、社会关系等方面的异质性构成，提高团队成员思维互补决策水平，增强企业技术创新效率；②高管团队作为企业经营决策的主体，在内部控制制度设立与执行过程中，及企业技术创新决策制定与实施过程中均发挥关键作用，高管团队需要关注技术创新流程中各个环节的风险，加强基于技术创新流程的内部控制建设。

第8章　内部控制、技术创新与企业价值

8.1　引言

长期以来，技术创新效率低下是制约制造业发展的瓶颈之一，实现制造业创新驱动发展，开展技术创新是制造业转型升级的重要途径。源于资源的有限性，提升企业技术创新效率，促进企业价值增长，是制造业可持续发展的关键。而对于企业技术创新而言，因创新活动存在耗时长、耗资大、成果不确定性等，企业技术创新积极性不高。同时，源于现代企业委托代理理论，在信息不对称和契约不完备情形下，企业技术创新会在一定程度上偏离股东利益最大化，引致技术创新效率低下，难以提升企业价值。

内部控制这一企业内部的重要风险管控机制，内嵌于技术创新全过程，从研发项目的立项、研发人员配备、研发过程管理到研发成果转化等，发挥至关重要作用。鉴于技术创新活动的高风险性，风险偏好程度不同的企业，技术创新投入会在一定程度上存在差异，相应地，内部控制作用于企业技术创新活动的程度不同，势必会在一定程度上影响技术创新与企业价值之间的关系。同时，企业内部控制制度的实施过程及技术创新活动，会受到外部制度环境的影响（韩少真等，2015）。转轨经济时期，区域法律制度、市场竞争和政府行为等市场化程度关键指标发展不平衡，我国逐步推进的市场化改革，势必会对企业技术创新过程中内部控制的实施效果形成塑造效应，进而会影响内部控制的作用效果。由此，对于技术创新过程中内部控制的情景依赖性研究具有重要意义。现有文献尚未系统对

技术创新影响企业价值的作用机理，内部控制对于技术创新与企业价值之间关系的调节效应，及市场化改革对企业技术创新过程中内部控制作用塑造效应的机理进行深入挖掘。

同时，内部控制作为重要的企业内部治理机制，已有研究从不同角度研究得出内部控制质量的提高能够促进企业价值提升。如庄火木（2016）研究得出内部控制与企业价值之间存在正相关关系，即内部控制的建立健全和有效实施能够促进企业价值的提升。王亚萍和冒乔玲（2017）利用固定效应模型实证检验了内部控制对研发投入与企业绩效之间关系的调节效应，得出内部控制作为公司治理的重要组成机制，具有监督和制衡作用，能够缓解企业委托代理问题，有助于提高企业经营绩效。杨清香和廖甜甜（2017）通过构建内部控制评价指数，实证检验了内部控制、技术创新与企业价值创造能力之间的关系，得出健全有效的内部控制能够促进企业技术创新，进而提升企业价值创造能力。

已有研究多是从单一因素角度，考察技术创新或内部控制对企业价值的影响，而内部控制制度内嵌于企业技术创新过程中，势必会影响技术创新与企业价值之间的关系，但关于企业技术创新中内部控制调节效应的研究尚不充分，本书将技术创新、内部控制与企业价值纳入一个分析框架。进一步地，结合宏观层面外部市场化改革，探究区域市场化程度对企业技术创新过程中内部控制作用效果的塑造效应，深入探究宏观层面制度环境对微观企业内部控制作用的影响。

鉴于此，本书选取 2010—2018 年 A 股制造业上市公司为研究对象，研究技术创新对企业价值的影响，内部控制对于二者之间关系的调节效应，及不同技术创新程度企业中内部控制调节作用的差异。进一步地，探究宏观层面外部市场化改革对内部控制调节效应的影响。本书的可能贡献：①基于创新理论和信号传递理论，探究技术创新对企业价值的影响机理，并结合内部控制是企业技术创新活动的内部制度环境的现实，检验内部控制对技术创新与企业价值之间关系的调节效应。并考虑不同企业技术创新活跃程度差异，探究内部控制调节效应的异质性。进一步地，基于我国区域市场化发展不平衡的现实，探究市场化改革对企业技术创新过程中内部控制作用效果的塑造效应。补充和细化了内部控制对企业技术创新影响的相关研究。②有助于企业深入理解技术创新过程中内部控制的作用机理，改进内部控制建设。政府等相关部门继续深化市场化改革，从宏观层面寻求企业加强技术投入，为提高创新价值效应的治理机制提供借鉴。

8.2 理论分析与研究假设

8.2.1 技术创新与企业价值

创新理论认为，技术创新是企业获得持续竞争力的内生性源泉，对企业健康运行发挥关键性作用。从可持续性角度来讲，这种创新投入可以提高企业的未来价值，增强企业的核心竞争力。如吴晓云等（2015）通过实证研究发现，研发投入带来的技术创新可以增加企业的知识存量，降低企业的生产成本，进而提高企业的经营利润与价值，原因在于：①研发投入是衡量企业技术创新投入的重要指标，企业在开展创新活动过程中，如果持续不断地对研发项目进行大量的费用投入，不仅能够开发研制新产品，使现有产品的成本降低，延长产品的寿命周期，还能提高产品的差异化程度，满足市场的新需求，从而改善企业的竞争地位；②企业加大技术创新投入，开发新产品，能够率先进入新业务领域，将现有产品和服务打入新市场，创造企业新的利润增长点，规避产业或市场的发展风险，提升企业盈利能力。

此外，企业技术创新活动具有信号传递效应。企业加大研发投入向市场传递了积极的信号，会在一定程度上影响投资者对公司良好发展的预期。根据信号传递理论，当公司向市场传递信息时，市场会根据信息做出反应，从而引起公司股价的变化。由此可知，当公司加大研发投入时，投资者往往会认为这类公司具有较好的发展前景，经营业绩的增长空间较大，因而会增加对该类公司的投资。已有文献证实了上述结论，如陈海声等（2011）对研发的价值相关性进行了检验，发现公司加大研发投入可以提升公司股价。程国熊等（2013）以欧美市场的上市公司为研究样本，发现投资者会根据公司的技术创新活动调整对公司的估值。杨亭亭等（2017）以创新型上市公司为研究对象，探究企业技术创新对公司股票特质波动率的影响，发现企业技术创新投入越多，股票特质波动率越大，且相较于传统行业，高科技企业创新投入引起的股票特质波动率相对较小。陈昆玉（2017）实证检验了融资约束下企业技术创新投入对股票回报的影响，发现对于企业创新活动，投资者更多关注的是创新活动引致的企业股票回报。李强等（2018）基于增长期权的视角，选取高新技术企业为研究对象，实证检验研发投资对股票预期收益的影响，发现企业研发投资与股票预期收益有显著正向影响，结合以留存比率度量的企业生命周期，得出研发投资对年轻企业股票收益的正向影响程度更显著。由此，基于创新理论和信号传递理论，可以得出技术创新活动能够促进企业价值提升。由此提出假设 H8-1：技术创新对企业价值具有促进作用。

8. 2. 2　内部控制与企业价值

从制度经济学角度看，企业是在一个由道德准则、价值观念和行为规范组成的社会环境中运行的，而这种社会环境将决定企业的哪些行为是合理的和可接受的，也势必影响到资源的积累和选择，进而决定企业能否获得可持续竞争优势。由此，企业需要在变化的环境中建立、整合及重组资源，它不仅局限于技术和信息，也包括人的行为规范等组织制度。这种组织制度从个体的规范理性、企业的制度要素等角度影响着企业的可持续竞争优势，进而会影响企业间的价值差异。依据 COSO 内部控制框架，企业董事会、管理层及一般职员都是内部控制制度的实施主体，会对内部控制的有效运行产生影响，有效的内部控制能够合理保证企业运营的效益和效率、财务报告的可靠性和遵守适用的法律法规等目标的实现。可以得出，完善的内部控制体系能够为经营目标的实现提供合理保证。

内部控制作为企业内部重要的组织制度，建立健全的内部控制，有助于提升企业价值创造能力（杨清香等，2017），内部控制质量越高，企业每股盈余、每股净资产与股价的价值相关性越强（李虹等，2015）。基于内部控制的本质，内部控制是制衡与监督相互耦合的控制机制。具体地：①有效的内部控制机制，能够对企业风险进行防范，使企业资源得到有效配置，增强企业拥有和控制的有价值的、稀缺的、难以模仿的制度性资源的价值创造能力；②在模糊、不可预测的市场环境中，有效的内部控制，能够在企业内部形成有效的监督和制衡机制，进而可以控制和防范组织架构设计和运行中的治理结构形同虚设导致的企业经营失败风险、内部机构设计不科学导致的运行效率低下风险，能够促进企业使用这种制度性资源或能力整合、构建、重新配置非制度性资源（如资金、技术、知识等），最终有助于企业经济效益的提高。由此得出，内部控制作为形成企业竞争优势的制度性资源和动态能力，能够通过优化整合非制度性资源（如资金、技术、人力资源等要素），进而提升公司盈利能力。同样地，资本市场投资者能够通过内部控制信息披露等途径，判断企业运营质量，给予积极的资本市场反应。由此提出假设 H8-2：较高质量的内部控制能够促进企业价值提升。

8.2.3 内部控制对技术创新与企业价值之间关系的调节效应

公司的技术创新活动转化为企业价值是包括技术创新决策、技术创新投入、技术创新实施、技术创新成果转化等在内的一系列过程，而内部控制作为一种制度安排，内嵌于企业技术创新系列过程实施中，势必会影响技术创新转化为企业价值的过程。企业技术创新投入主要是为了提高企业的未来绩效水平，但是技术创新投入本身不会必然提高企业价值，而是取决于这些研发投入是否能够被有效利用。内部控制是确保各级管理层及其他人员正确行使职能的监督控制体系，必将对两者关系产生调节作用，并且随着企业内部控制水平的不断提高，会通过完善监督和制衡机制提升技术创新项目的价值相关性。具体地：①内部控制可以加强企业对研发活动的风险管控，在有效的内部控制之中，企业不仅会加强对研发过程的管理，确保研发过程高效、可控，还会建立相应的研发成果保护与评估制度，促进研发成果转化，实现企业价值。②内部控制可以通过增强财务信息可靠性，提升技术创新活动的价值相关性。良好的内部控制可以提高财务报告信息质量，降低财务报表中研发投入项目的信息风险。当企业内部控制制度较为健全时，投资者会更为信赖公司的研发投入与研发绩效数据，从而更好地对技术创新决策进行判断，调整对企业研发投入的市场反应。③内部控制可以通过监督抑制管理层的自利行为，提升技术创新活动的价值相关性。在创新活动中，股东作为出资人和委托人，既享有企业剩余利润的分配权，又承担着企业创新活动的风险。管理层作为经营者和受托人，负责研发资金的使用。由于研发活动投资回收期长，且伴随着很大的不确定性，因而信息不对称现象严重，容易引发严重的管理层掏空等委托代理问题。而有效的内部控制可以约束经理人的自利行为，降低代理成本，从而促进研发资金的有效利用，提升技术创新活动的价值相关性。由此得出，较高的内部控制质量能够提高企业技术创新投入的资源配置效率，从而提升企业价值，提出假设 H8-3：较高质量的内部控制对技术创新与企业价值之间的关系具有正向调节作用。

8.3 研究设计

8.3.1 样本选择与数据

本书以 2010—2018 年沪深两市 A 股制造业上市公司为初选样本，剔除：①ST 等 T 类公司；②研究所需内部控制、技术创新与企业价值等相关数据缺失的上市公司。最终得到 5812 个样本观测值。主要数据来源如下：CSMAR 数据库、RESSET 数据库和 Wind 数据库等。为剔除极值的影响，对连续变量进行上下 1%的 Winsorize 缩尾处理，运用 stata14. 0 进行数据处理。

8.3.2 变量选取

1. 被解释变量

企业价值：我们从财务角度和资本市场反应两个方面选取指标进行衡量。财务角度，选取公司业绩指标；市场反应方面，以短期市场反应 CAR 来度量。

Tobin-q：公司价值，用（流通股市值+优先股市值+负债）/总资产的账面价值表示。

CAR：短期市场反应，考虑到中国存在业绩预告、业绩快报等年报信息提前透露机制，且年报信息提前泄露情况比较严重，故本书用年报公告日前10天至公告日后10天的累计异常回报衡量市场反应，并用总市值加权的市场收益进行调整。短期市场反应（CAR[-10，+10]），具体计算如下：

（1）计算股票收益率：

$$R_t=\left(\frac{P_t-P_{t-1}}{P_{t-1}}\right)$$

其中，R_t 指公司在 t 时刻的实际收益率，P_t 和 P_{t-1} 分别指的是在 t 天和 t 前一天公司股票的收盘价。

（2）选取上证指数计算市场收益率：

$$R_{mt}=\frac{P_{mt}-P_{mt-1}}{P_{mt-1}}$$

其中，R_{mt} 指市场收益率，P_{mt} 代表市场指数在事件期内 t 天的收盘价，P_{mt-1} 代表市场指数在事件期内 t 前一天的收盘价。

（3）期望收益率公式如下：

选取估计期，建立股票收益率和市场收益率线性回归方程，估计出 α 和 β 的值。然后，计算出企业超额收益率 AR_t 和累计超额收益率 CAR_t：

$$AR_t=R_t-E(R_t)$$

$$R_t=\alpha+\beta\cdot R_{mt}+\varepsilon_t$$

$$E(R_t)=\alpha+\beta\cdot R_{mt}$$

$$CAR_t=\sum\nolimits_{t=0}^{t=i}AR_t$$

其中，R_t 指公司在 t 时刻的股票收益率，α 为常数项，β 为自变量系数，R_{mt} 为市场收益率，ε_t 为干扰项。

2. 解释变量

RI：技术创新投入。一般情况下，企业技术创新产出、技术创新效率的提升对于企业价值的促进作用较易理解，本章主要考察技术创新投入对于企业价值的作用效果，因此选取技术创新投入变量（RI）来衡量企业技术创新。技术创新投入（RI）是用企业 R&D 投入/当期主营业务收入来计算。

3. 调节变量

ICI：内部控制，用于表示企业内部控制质量。借鉴已有研究，采用迪博·中国上市公司内部控制指数的自然对数来表示。

4. 控制变量

控制变量主要包括公司治理特征变量、财务特征变量及年度（Year）虚拟变量，控制年度影响。

变量定义见表 8-1。

表 8-1　主要变量

变量类型	变量名称	变量符号	变量含义
被解释变量（企业价值 Value）	公司价值	Tobin-q	（流通股市值+优先股市值+负债）/总资产的账面价值
	短期市场反应	CAR	即年报公告日前 10 天至公告日后 10 天的累计异常回报，用总市值加权的市场收益调整
解释变量	技术创新投入	RI	企业 R&D 投入/当期主营业务收入
调节变量	内部控制	ICI	迪博·中国上市公司内部控制指数的自然对数
控制变量	公司规模	Size	期末总资产的自然对数
	公司成长性	Growth	公司年营业收入的增长率
	上市年数	Age	截止到统计当年公司上市的年数
	总资产净利润率	Roa	净利润/平均总资产
	资产负债率	Lev	期末总负债/总资产
	流动比率	Cur	期末流动资产/流动负债
	总营业成本率	Cost	期末营业总成本/营业总收入
	资本支出	Capi	当年购建（固定资产+无形资产+其他长期资产）的现金
	股权性质	Soe	哑变量，最终控制人为国有则为 1，否则为 0
	年度	Year	年度虚拟变量

8.3.3 模型构建

为了检验技术创新投入对企业价值的影响，构建回归模型（8-1）。

$$\begin{aligned} Value = \alpha_0 + \alpha_1 RI + \alpha_2 Size + \alpha_3 Growth + \alpha_4 Age + \\ \alpha_5 Roa + \alpha_6 Lev + \alpha_7 Cur + \alpha_8 Cost + \alpha_9 Capi + \\ \alpha_{10} Soe + \sum Year + \varepsilon \end{aligned} \quad (8-1)$$

其中，Value 表示企业价值，包括财务方面的公司价值指标 Tobin-q、市场反应 CAR 两个变量。ε 为随机干扰项，下同。

为了检验内部控制对企业价值的影响，构建回归模型（8-2）。

$$\begin{aligned} Value = \alpha_0 + \alpha_1 ICI + \alpha_2 Size + \alpha_3 Growth + \alpha_4 Age + \\ \alpha_5 Roa + \alpha_6 Lev + \alpha_7 Cur + \alpha_8 Cost + \alpha_9 Capi + \\ \alpha_{10} Soe + \sum Year + \varepsilon \end{aligned} \quad (8-2)$$

为检验内部控制调节作用下企业技术创新投入对企业价值的影响，加入技术创新投入变量与内部控制变量的交互项，构建模型（8-3）。

$$\begin{aligned} Value = \alpha_0 + \alpha_1 ICI + \alpha_2 RI + \alpha_3 ICI \times RI + \alpha_4 Size + \\ \alpha_5 Growth + \alpha_6 Age + \alpha_7 Roa + \alpha_8 Lev + \alpha_9 Cur + \\ \alpha_{10} Cost + \alpha_{11} Capi + \alpha_{12} Soe + \sum Year + \varepsilon \end{aligned} \quad (8-3)$$

8.4 实证结果

8.4.1 描述性统计与组间比较结果

表 8-2 是变量的描述性统计与组间比较结果。以内部控制质量的中位数为标准，将 5812 家样本公司划分为内部控制质量较高组与内部控制质量较低组两组，其中内部控制质量较高组公司为 1116 家，占比约为 19.2%。结果显示，公司价值 Tobin-q、市场反应（CAR）、技术创新投入（RI）在两组样本公司间差异较大。此外，主要变量的 Pearson 相关系数表显示，除 Age 外，解释变量企业技术创新投入和各个控制变量与被解释变量之间的关系都与预测相一致，且各变量之间的相关系数均小于 0.5，表明变量间不存在严重的多重共线性问题，可以进行回归分析。

表 8-2　描述性统计与差异检验

变量	内部控制质量较低组（N=4696）			内部控制质量较高组（N=1116）			均值差异
	均值	中位数	标准差	均值	中位数	标准差	
Tobin-q	0.021	0.019	0.012	0.035	0.403	0.765	-0.014*
CAR	0.039	0.039	0.143	0.052	0.061	0.131	-0.013*
RI	0.095	0.089	1.024	0.105	0.092	1.158	-0.010*
Size	18.329	0.004	0.801	19.417	0.548	2.250	-1.088
Growth	0.512	0.019	0.301	0.213	0.042	2.467	0.299
Age	12.711	14	0.921	10.041	11	4.393	2.670
Roa	0.027	0.034	0.712	0.036	0.029	0.595	-0.009*
Lev	0.358	0.041	0.809	0.233	0.072	0.790	-0.125**
Cur	2.313	1.793	2.262	2.422	2.532	2.102	-0.109**
Cost	0.898	0.933	0.658	0.886	0.904	0.572	0.012
Capi	0.091	0.085	0.712	0.083	0.072	0.692	0.008*
Soe	0.037	0	0.648	1.627	1	0.701	-1.590

注：*、**和***分别表示在 0.1、0.05 和 0.01 的水平上双尾检验显著，下同。

8.4.2　技术创新对企业价值影响的回归结果

表 8-3 是模型（8-1）的主要回归结果，因变量企业价值 Value 包括两个方面：分别是公司价值（Tobin-q）、市场反应（CAR）。模型（8-1）的结果显示：技术创新投入（RI）与公司价值（Tobin-q）的系数在 10% 水平上显著为正；技术创新投入（RI）与短期市场反应（CAR）的系数在 10%水平上显著为正，表明企业技术创新对公司财务价值及短期市场反应存在正向促进作用，支持假设 H8-1。

表 8-3　技术创新对企业价值的影响回归结果

变量名称	因变量 Tobin-q	因变量 CAR
RI	0.004* (1.651)	0.001* (1.753)
Size	0.016 (1.021)	0.011 (1.115)
Growth	0.002 (1.016)	0.016 (1.111)

续表

变量名称	因变量 Tobin-q	因变量 CAR
Age	0.028 (1.033)	0.031 (1.131)
Roa	0.034* (1.825)	0.021* (1.671)
Lev	-0.028** (-2.039)	-0.054** (-2.516)
Cur	0.007** (2.301)	0.012** (2.213)
Cost	-0.013 (-1.204)	-0.033 (-1.146)
Capi	-0.050* (-1.679)	-0.063* (-1.883)
Soe	0.214 (1.116)	0.311 (1.406)
Constant	3.066*** (7.015)	5.049*** (11.368)
Year	控制	控制
N	5812	5812
Adj R^2	0.261	0.228

注：*、**和***分别表示0.1、0.05和0.01的显著性水平，下同。

控制变量方面，总资产净利润率（Roa）与企业价值两个特征变量显著正相关，公司规模（Size）与企业价值变量正相关，但影响不显著。而上市年数（Age）和企业成长性（Growth）的系数为正，影响不显著。资产负债率（Lev）与企业价值两个变量在5%水平上显著负相关，表明较高的资产负债会降低企业价值。

8.4.3 内部控制对企业价值影响的回归结果

表8-4是模型（8-2）的主要回归结果，因变量企业价值Value包括两个方面：分别是公司价值（Tobin-q）、短期市场反应（CAR）。模型(8-2)的结果显示：内部控制（ICI）对公司价值（Tobin-q）的系数在10%水平上显著为正，内部控制（ICI）对企业短期市场反应（CAR）的系数在10%水平上显著为正，表明较高的企业内部控制质量利于公司财务价

值提升，会产生较好的短期市场反应，表明内部控制对企业价值有正向促进作用，支持假设 H8-2。

表 8-4　内部控制对企业价值影响的回归结果

变量名称	因变量 Tobin-q	因变量 CAR
ICI	0.003* (1.787)	0.002* (1.671)
Size	0.021 (1.104)	0.009 (1.117)
Growth	0.041 (1.015)	0.050 (1.103)
Age	0.027 (1.401)	0.026 (1.141)
Roa	0.057 (1.225)	0.052 (1.105)
Lev	-0.261** (-2.102)	-0.304** (-2.404)
Cur	0.031** (2.112)	0.029** (2.015)
Cost	-0.009 (-0.565)	-0.002 (-0.025)
Capi	-0.001* (-1.817)	-0.002* (-1.915)
Soe	0.047 (1.351)	0.016 (1.332)
Constant	3.034*** (6.571)	2.126*** (5.305)
Year	控制	控制
N	5812	5812
Adj R^2	0.234	0.249

8.4.4　技术创新、内部控制对企业价值影响的回归结果

表 8-5 是模型（8-3）的回归结果，在模型（8-1）的基础上加入内部控制与技术创新变量的交互项，以检验内部控制对技术创新与企业价值之间关系的调节效应。

表 8-5　技术创新、内部控制对企业价值的影响

变量名称	因变量 Tobin-q	因变量 CAR
RI	0.028* (1.892)	0.013* (1.677)
ICI×RI	0.003* (1.661)	0.002* (1.689)
ICI	0.010* (1.897)	0.004* (1.781)
Size	0.020 (1.151)	0.017 (1.342)
Roa	0.043* (1.791)	0.031* (1.698)
Growth	0.051 (1.352)	0.037 (1.046)
Lev	-0.020** (-1.972)	-0.016** (-1.981)
Age	0.023 (1.521)	0.016 (1.641)
Cur	0.001** (1.982)	0.023** (2.071)
Cost	-0.015 (-1.522)	-0.019 (-1.642)
Capi	-0.007* (-1.831)	-0.003* (-1.652)
Soe	0.094 (1.305)	0.159 (1.401)
Constant	2.291*** (5.690)	1.643*** (3.952)
Year	控制	控制
N	5812	5812
Adj R^2	0.222	0.217

模型（8-3）的结果显示：对于因变量 Tobin-q，内部控制与企业技术创新交叉项 ICI×RI 的系数在 10%水平上显著为正，对于因变量市场反应 CAR，内部控制与企业技术创新交叉项 ICI×RI 的系数在 10%水平上显著为正，表明较高质量内部控制能够增强技术创新对企业财务价值、短期市场反应的促进作用，综上，有效的内部控制增强了技术创新投入对企业价值

的正向促进作用，假设 H8-3 得到验证。

8.4.5 稳健性检验

做如下稳健性检验：①对于模型（8-1）检验技术创新如何影响企业价值时，关于企业技术创新，采用以中位数为标准，设置虚拟变量的方法进行衡量；②考虑到技术创新对企业价值的影响可能存在滞后性，采用滞后期的企业价值变量引入模型，研究样本区间是 2010—2018 年，回归样本区间为 2006—2016 年，构建滞后变量模型进行回归检验；③对于模型（8-2），考虑到内部控制与企业价值二者之间可能会存在内生性问题，采用 Heckman 两阶段法进行修正，将第一阶段计算出的 IMR 代入原回归模型，进行第二阶段的检验；④对于模型（8-3），检验内部控制、技术创新对企业价值的影响，以内部控制指标的中位数为标准，将全样本分为内部控制质量较高组与内部控制质量较低组两组，选取因变量为公司价值 Tobin-q、短期市场反应 CAR，分别对模型（8-1）进行回归，以检验内部控制的调节效应，检验结果如表 8-6。

表 8-6　内部控制质量的分组检验结果

变量名称	内部控制质量较高组		内部控制质量较低组	
	因变量 Tobin-q	因变量 CAR	因变量 Tobin-q	因变量 CAR
RI	0.001** (1.978)	0.002* (1.679)	0.022* (1.791)	0.001 (1.324)
Size	-0.165 (-1.312)	-0.314 (-1.104)	-0.169 (-1.511)	-0.127 (-1.513)
Roa	0.020* (1.921)	0.017* (1.912)	0.251* (1.945)	0.026 (1.531)
Growth	0.059 (1.349)	0.071 (1.611)	0.049 (1.051)	0.055 (1.042)
Lev	-0.071** (-1.963)	-0.081** (-2.001)	-0.061** (-2.215)	-0.060** (-2.079)
Age	0.031 (1.601)	0.039 (1.122)	0.029 (1.255)	0.033 (1.501)
Soe	0.006 (1.171)	0.003 (1.015)	0.001 (1.081)	0.002 (1.046)

续表

变量名称	内部控制质量较高组		内部控制质量较低组	
	因变量 Tobin-q	因变量 CAR	因变量 Tobin-q	因变量 CAR
Constant	1.431*** (3.832)	2.347*** (4.025)	3.215*** (8.613)	2.134*** (5.135)
Year	控制	控制	控制	控制
N	1116	1116	4696	4696
Adj R^2	0.221	0.262	0.216	0.237

从表 8-6 的回归结果可以看出，两组样本中，技术创新投入变量 RI 的系数符号与预期一致。在内部控制质量较高组，因变量为公司价值 Tobin-q 时，技术创新投入变量的系数在 5%水平上显著为正，技术创新投入变量 RI 对企业短期市场反应 CAR 的系数在 10%水平上显著为正。在内部控制质量较低组，企业技术创新投入变量 RI 对公司价值 Tobin-q 的系数在 10%水平上显著为正，低于内部控制质量较高组 5%的显著性水平，技术创新投入变量 RI 对企业短期市场反应 CAR 的正向影响不显著，检验结果表明较高质量的内部控制促进企业技术创新的价值创造效应提升，尤其对于公司价值的表现更显著，进一步验证了内部控制对于技术创新与公司价值之间关系的正向调节效应，与前文的检验结果无实质性差异。

8.5 拓展性检验

8.5.1 不同生命周期阶段企业技术创新对企业价值影响的差异

考虑到企业所处生命周期阶段不同，其经营特征和运营风险不同，企业进行的技术创新投入可能与其所处生命周期相关，对于企业生命周期，本书借鉴 Dickinson（2011）、谢佩洪和汪春霞（2017）的研究，根据企业现金流量表中的三项净现金流的符号——经营活动净现金流、投资活动净现金流、筹资活动净现金流，划分企业所处的生命周期阶段，将生命周期阶段划分为五个阶段——初创期、成长期、成熟期、动荡期、衰退期，各个生命周期阶段三项净现金流的符号见表 8-7。

表 8-7　企业生命周期划分标准

现金流符号	成长期		成熟期			衰退期		
	初创期	成长期	成熟期	动荡期	动荡期	动荡期	衰退期	衰退期
经营活动现金流符号	-	+	+	-	+	+	-	-
投资活动现金流符号	-	-	-	-	+	+	+	+
筹资活动现金流符号	+	+	-	-	+	-	+	-

进一步地，采用留存比率作为企业生命周期阶段的代理变量，留存比率越高的企业越成熟，由此考察技术创新投入随企业生命周期的变化趋势。以留存比率的中位数为标准，将全样本划分为较成熟企业与较年轻企业两组，分别对模型（8-1）进行回归，考察不同生命周期阶段公司的技术创新投入对企业价值作用效果的差异（见表 8-8）。

表 8-8　基于企业生命周期的技术创新对企业价值的影响

变量名称	留存比率较高组（较成熟企业组）		留存比率较低组（较年轻企业组）	
	Tobin-q	CAR	Tobin-q	CAR
RI	0.001* (1.676)	0.015 (1.239)	0.002** (2.106)	0.001* (1.674)
Constant	2.243*** (4.822)	2.125*** (5.025)	3.307*** (6.013)	1.327*** (2.305)
Controls	控制	控制	控制	控制
Year	控制	控制	控制	控制
N	2463	2463	3349	3849
Adj R^2	0.253	0.272	0.228	0.215

从表 8-8 可以看出，较成熟企业组中，技术创新对公司价值（Tobin-q）的系数在 10%水平上显著为正，技术创新对短期市场反应（CAR）的影响不显著。而较年轻企业组中，技术创新投入仅与 Tobin-q 在 5%水平上显著正相关，高于较成熟企业相应 10%的显著性水平，对短期市场反应（CAR）的系数在 10%水平上显著为正，而较成熟企业组影响不显著。结

果表明：相较于较成熟企业，技术创新对较年轻企业的公司价值的正向促进作用更显著。原因可能在于处于初创期等较年轻企业进行的技术创新项目在总资产构成中的重要性往往更高，技术创新的风险较大，一旦技术创新项目失败会给企业带来较大损失，相应地，技术创新成功带来的收益也较大，技术创新项目的成功也会在较大程度上促进企业价值提升。由此，较年轻企业组中技术创新对企业价值的作用程度更大。

8.5.2 不同技术创新程度企业内部控制调节作用的差异

鉴于企业技术创新活动具有高风险特征，不同公司对技术创新活动的风险容忍度不同，相应地，技术创新活跃程度也不同，内部控制对企业技术创新价值促进效应的作用程度存在差异（张娟等，2016）。因此，以企业技术创新投入（RI）的中位数为标准，将全样本划分为技术创新程度较低组与技术创新程度较高组两组，检验内部控制对企业技术创新价值促进效应调节作用的差异。结果见表 8-9。

表 8-9 企业技术创新程度的分组检验结果

变量名称	技术创新程度较高组		技术创新程度较低组	
	因变量 Tobin-q	因变量 CAR	因变量 Tobin-q	因变量 CAR
RI	0.003** (2.338)	0.002* (1.669)	0.004* (1.791)	0.031 (1.324)
ICI×RI	0.002** (1.971)	0.001* (1.684)	0.001* (1.723)	0.013 (1.081)
ICI	0.005* (1.952)	0.004* (1.804)	0.002* (1.681)	0.001* (1.693)
Constant	2.431*** (4.832)	5.347*** (8.025)	3.215*** (6.613)	2.134*** (3.893)
Controls	控制	控制	控制	控制
N	3813	3813	1999	1999
Adj R^2	0.224	0.251	0.236	0.432

检验结果显示：①技术创新程度较高样本组中，内部控制与企业技术创新交叉项 ICI×RI 对公司价值 Tobin-q 的影响系数在 5%水平上显著为正，

对短期市场反应（CAR）的影响系数在 10%水平上显著为正，表明技术创新较活跃的公司中，内部控制对企业技术创新的价值促进效应主要表现在财务角度的 Tobin-q 值方面及短期资本市场反应方面，意味着在企业技术创新投入一定情形下，内部控制通过加强技术创新决策、技术创新投入等创新活动流程的管控，能够增强技术创新的价值提升作用，主要表现在对于公司价值（Tobin-q）、资本市场的短期市场反应（CAR）的促进方面；②技术创新程度较低样本组中，内部控制与企业技术创新交叉项 ICI×RI 对公司价值 Tobin-q 的系数在 10%水平上显著为正，低于技术创新程度较高样本组中 5%的显著性水平，ICI×RI 对短期市场反应 CAR 的影响不显著，意味着相较于技术创新投入较高的公司，在技术创新投入较低的公司中，内部控制对于技术创新与企业价值之间关系的正向调节作用较弱。其原因可能在于：技术创新项目本身风险较大，技术创新投入较少的企业，更容易受到产业环境、宏观经济等因素影响而中断甚至停止技术创新活动，内部控制对于企业技术创新价值促进效应的调节作用未能充分发挥。

8.6　本章小结

本章以 2010—2018 年 A 股制造业上市公司为研究样本，研究技术创新对企业价值的两个度量指标——公司价值（Tobin-q）、短期市场反应（CAR）的影响，并检验内部控制调节作用下，技术创新对企业价值的影响。通过实证检验得出以下结论：①技术创新投入对企业价值有促进作用；内部控制质量的提高，促进企业价值提升；②高质量的内部控制能够增强技术创新对企业价值的促进作用。本章基于内部控制调节效应视角，从财务角度的公司价值（Tobin-q）、资本市场的短期市场反应（CAR），分析了内部控制对企业技术创新影响的经济后果，研究结果对于企业加大技术创新投入，增强内部控制建设，以促进企业价值提升的实践提供了经验证据。

立足于上述研究结论和企业的管理实践，我们提出如下具体管理启示：①企业技术创新利于企业价值提升，较高的内部控制质量利于企业价值提升，且健全有效的内部控制会增大技术创新对于企业价值的促进效应；②企业应立足自身所处生命周期阶段，进行恰当的技术创新活动，以增强技术创新的价值促进效应。对于技术创新较活跃的公司，尤其需要注重加强基于技术创新流程的内部控制制度设计及其实施，以促进企业价值提升。

第 9 章　研究结论与展望

9.1　研究结论

制造业是实体经济的重要主体，体现了实体经济的核心竞争力，能够体现一个国家的生产力水平，但是与发达国家相比，我国制造业企业的创新对经济发展还未充分发挥作用，改善企业创新是我国制造业企业面临的一项急迫而重要的任务。技术创新是制造业企业获得持续竞争优势，提高企业价值的关键举措。金融危机冲击下信贷扩张政策可以拉动实体经济发展，但探究宏观信贷政策对我国微观企业技术创新行为的影响，需考虑我国信贷资源配置的现实场景。此外，企业组织置身于社会网络中，供应商和客户是企业重要的创新资源，企业可以将供应商资源和客户资源运用到技术创新过程，由此供应链网络中的供应链集中度会影响企业技术创新。同时，企业内部的管理层决策是影响企业技术创新行为的内在决定性因素。高管团队作为企业战略决策的主导者，他们的认知和价值观直接影响其战略选择及行为决策，高管团队不同的性别构成、年龄结构、任职时间、教育水平以及职业背景，即高管团队异质性对企业技术创新行为将产生重要影响。

鉴于此，本书选取 2010—2018 年沪深两市 A 股制造业上市公司为研究样本，基于创新理论、委托代理理论、不完全契约理论、资源基础理论、信贷配给理论、高层梯队理论等理论基础，从多维视角——宏观层面信贷配置扭曲下的信贷寻租、中观层面的供应链集中度、微观层面的高管团队异质性，探究内部控制对企业技术创新的影响机理，进一步地，从财务角度的公司价值 Tobin-q 和资本市场的短期市场反应 CAR 两个方面，研究内部控制对企业技术创新影响的经济后果，得到以下研究结论：

一是探究内部控制对企业技术创新的影响机理。考察企业技术创新的三个方面——技术创新投入、技术创新产出、技术创新效率，检验内部控制对企业技术创新的影响，研究发现较高质量的内部控制有利于企业技术创新，其中，内部控制对于企业技术创新效率的正向促进作用更明显。具体地，内部控制能够缓解信息不对称对企业技术创新的不良影响，内部控制能够抑制管理层自利进而促进企业技术创新，内部控制能够降低企业风险承担水平促进技术创新。进一步地，内部控制五要素——内部环境、风险评估、控制活动、信息与沟通、内部监督中，内部环境对于企业技术创新三方面正向影响较显著，控制活动对于技术创新产出的正向影响较显著。同时，内部控制质量的提高，即内部控制缺陷整改能够在更大程度上促进企业技术创新。

二是宏观视角信贷资源配置扭曲下的信贷寻租、内部控制对企业技术创新的影响。在探究信贷寻租对企业技术创新影响的基础上，检验内部控制对信贷寻租与企业技术创新之间关系的调节效应。研究发现信贷寻租不利于企业技术创新，较高质量的内部控制能够抑制信贷寻租对企业技术创新的负向影响。不同类型企业中信贷寻租对企业技术创新的影响存在差异，研究发现外部融资依赖度较高、融资约束程度较紧、不存在银企关联的企业中，信贷寻租对技术创新的影响更显著。

外部机构持股对于内部控制作用效果具有塑造效应，即机构持股比例越高的企业中，内部控制对于信贷寻租与企业技术创新之间关系的抑制作用越显著。

三是中观视角的供应链集中度、内部控制对企业技术创新的影响。从两个方面衡量供应链集中度——供应商集中度、客户集中度，考察供应链集中度对企业技术创新的影响，进一步检验内部控制对于供应链集中度与企业技术创新之间关系的调节效应。研究发现，供应商集中度越高、客户集中度越高，企业技术创新投入、技术创新产出及技术创新效率越差；较高质量的内部控制能够抑制供应商集中度及客户集中度对企业技术创新的负向影响。进一步地，结合外部深化市场化改革的现实，探究市场化程度对于内部控制调节作用的塑造效应，研究发现市场化程度越高的地区，内部控制对供应链集中度与企业技术创新之间关系的抑制作用越显著。

四是微观视角下，遵循认知科学中经典的“行为主体—行为环境—行为结果”的研究范式，探究“高管团队异质性—内部控制—企业技术创新”的相互作用关系。选取高管团队异质性的三方面——年龄异质性、学历异质性、社会关系异质性，内部控制的两个方面——内控信息披露、内部控制指数，企业技术创新的三个维度——技术创新投入、技术创新产出、技术创新效率，通过构建结构方程模型，实证研究高管团队异质性、内部控制对企业技术创新的影响路径与作用程度。研究发现，高管团队异质性对企业技术创新存在显著正向促进作用，且高管团队异质性越强，内部控制质量越高，内部控制质量的提高又能够促进企业技术创新。

五是内部控制对企业技术创新影响的经济后果研究。主要探究内部控制、技术创新与企业价值的关系。由于企业技术创新产出、技术创新效率提升对于企业价值的促进作用较易理解，本部分主要考察技术创新投入对于企业价值的作用效果。从财务角度和资本市场角度考察企业价值，采用财务角度的财务指标法——公司价值 Tobin-q，与事件研究法的资本市场反应——CAR 法衡量的短期市场反应两个方面考量企业价值，在检验技术创新对企业价值影响的基础上，考察内部控制对技术创新与企业价值之间关系的调节效应。研究发现，技术创新投入对公司财务价值及短期市场反应均存在正向促进作用；较高质量的内部控制，会促进公司财务价值提升及较好的短期市场反应；较高质量的内部控制能够增强技术创新投入对企业价值的正向促进作用。进一步地，考察不同生命周期阶段技术创新对企业价值影响的差异，研究发现相较于较成熟的企业，技术创新对较年轻企业的价值正向促进作用更显著。探究不同技术创新程度企业中内部控制调节作用的差异，研究发现相较于技术创新投入较低的公司，在技术创新投入较高的公司中，内部控制对于技术创新与企业价值之间关系的正向调节作用更显著。

9.2 政策建议

9.2.1 宏观层面优化信贷资源配置

中国信贷市场存在“信贷歧视”，国有企业信贷资源配置过度的现象较为常见。许多富有创新能力和发展潜力的民营企业和中小微企业迫切需要大量信贷资源的支持，但其融资困难问题尚未得到解决。大型国有企业已经进入成熟期，资金充裕，缺乏良好的投资项目和机会，但往往成为商业银行追捧的贷款目标，导致投资过度。由此，引致难以获得信贷资源的企业实施信贷寻租，信贷寻租对企业技术创新产生挤出效应，不利于企业技术创新。本书针对这些现象，提出如下建议：

1. 加快信贷资源配置市场化的改革

目前，中国的银行信贷资金尚未完全商业化，利率尚未完全市场化，信贷资源配置仍存在行政干预。解决这些问题需要市场的无形之手来调节银行信贷资源的分配。市场化改革不仅仅是让政府完全放手，而是要求政府从根本上改善制度环境，同时减少政府干预。要进一步推进国有企业产权改革，减少政府对国有企业的干预和支持，不断提高国有企业的市场化程度和经营效率。在适当的市场环境中进一步放开利率控制也是必要的，这样利率可以从根本上发挥其信贷资源分配的作用。真正让市场机制“看不见的手”发挥应有的作用。实现利率市场化意味着实现信贷资源配置的市场化。

2. 降低信贷市场的信息不对称程度

为完善信贷市场，降低信息的不对称程度，地方政府应致力于建立一个信息通畅、公平公正的经济发展环境。在信贷市场中，一些具有高生产效率但缺乏地方政府支持的新兴产业企业，因为处于发展的早期，相关内部治理并不完善，经营信息不透明，使银行难以对其经营风险和违约预期进行准确判断，在融资的过程中容易被银行拒绝。因此，地方政府应推动所管辖地区企业信用体系的建设，建立健全相关的法律法规，增加企业违约与违规成本，提升企业对于信贷资金的使用效率与风险控制意识，提升银行信贷资源的配置效率。此外，随着互联网信息技术的快速发展和“大数据”理念在金融领域中的运用，政府应推动建立起一个可以反映社会整体供求信息、产业动态变化等的综合信息平台，缓解由于道德风险和逆向选择产生的信贷资源错配问题，为银行在信贷业务中做出正确判断提供支持。

3. 合理提升银行信贷业务区域多元化程度

提升商业银行信贷业务区域的覆盖范围有助于提升自身的绩效，但一味地提高信贷资源区域多元化程度不一定有利于银行未来的经营。因此，不同类型的商业银行应根据自身经营特点，以市场为导向，在考虑营利性和安全性的基础上进行战略规划，合理提升信贷资源的区域覆盖范围。针对侧重于交易型业务的大型商业银行，应充分利用其在市场占有率、贷款技术等方面的优势，减少人力投入，控制关系型业务成本，坚持跨区域经营的发展战略，均衡全国范围内的贷款投放。而中小型商业银行中仍有部分商业银行的信贷业务以关系型业务为主，应谨慎面对多元化经营问题。因此，中小型商业银行在提升其贷款投放的区域分散化程度时，应更多地考虑自身是否有能力控制随之而来的成本及风险增加等问题，不可盲目随从、一味地扩大信贷业务的区域覆盖范围。

9.2.2 中观层面加强供应链关系管理

1. 加强供应链关系管理

企业组织处于现代社会网络运行环境中，供应商和客户是影响企业运营的重要网络关系主体，供应链中以核心企业为中心的供应链关系对企业技术创新的影响越来越显著，对于企业而言，供应链关系主要是指企业与上游的供应商和下游的客户三者之间的关系。市场竞争愈演愈烈，与供应链上下游维持长远战略伙伴关系是提升竞争优势的关键，供应链关系可以提升企业的协同效应和信息共享，但过度集中的供应商和客户关系也会给企业的经营带来风险。因此，企业应重视供应链关系管理，遵循成本效益原则，保持一个适当的供应链集中度。具体来说，本书提出如下建议：

①对于供应链集中度较高的企业，应加强供应链关系管理。企业可以通过横向并购，重新构建供应链，进而提高企业的议价能力和决策的自主权，促进企业绩效的提高。企业参与并购的主要目的是获得协同效应，即合并后企业所产生的共同效益要远远大于分散时企业各自所产生的效益之和。作为并购企业可能无法取得自身的规模经济，但如果供应链的重新构建能够提高上下游供应链的集中度，提升企业在供应链中的地位，那么进行并购的企业在降低采购成本和销售成本上也会获得优势。横向并购之后，交易量也将伴随着并购及企业规模的扩张而上升，同时上下游潜在交易对象也将随之减少，并购后企业在供应链中的相对议价能力也会增强，从而有助于企业减少交易费用，节约采购成本和宣传费用等。

②企业要积极扩大客户、供应商群体，不断优化企业的客户与供应商结构，使供应链集中度维持在合理水平。供应链集中度会通过资源的依赖性和决策的自主性来影响企业的绩效。根据资源依赖理论，当企业的供应与销售集中于少数的供应商和客户时，企业资产的专用性将会为了适应交易伙伴的要求而提高，从而降低企业自身的流动资金，加剧融资约束，导致决策的自主权和灵活性降低，经营风险加大，进而降低企业绩效。当企业与供应商和客户之间的采销业务处于长期稳定的交易状态，为了保持这种独特的商业交易模式，企业与供应商和客户之间会进行专用性投资，形成关系专用性资产。因上述投资具有特定性和不可逆性的特点，如果供应商或客户面临破产清算，企业的前期关系专用性投资将会失去价值，并且面临高昂的转换成本，这会给企业造成沉重的经济负担。因此，一方面企业可以制定不同的采购方式，通过增加供应商数量，降低供应商集中度，使企业在采购环节占据优势地位，降低采购成本，使企业在保持资金流动性的同时，提高企业的运营资金管理水平。另一方面，企业可以增加客户数量，通过提高自身产品的多样性和独特性来抑制客户的买方势力，减少应收账款，缩短回收期限，降低赊销比例，要求客户及时付款，从而提高运营资本管理效率。

9.2.3　微观层面优化高管团队及加强内部控制建设

1. 优化高管团队成员构成

企业的技术创新会显著地受到企业高管团队的任期异质性、社会资本异质性和教育专业异质性的积极影响，这表明高管团队身为企业技术创新战略制定与执行的重要决策者，其异质性会给企业的技术创新效率带来明显的正面影响。在市场环境下，由于高管团队成员的任期异质性而引起的认知冲突，会使企业对高管团队的企业技术创新决策制定受到影响，从而减少技术创新绩效。所以，企业高管应该坚持团队成员社会资本的多样性。例如，企业能够通过适当引进海外人才来获得在管理体系、产品研发、生产技术等方面的整体提升，有效提升企业的技术创新表现。此外，应加强企业高管团队建设，即企业既要完善高管团队的认识结构和人员结构，根据不同年龄、性别、教育背景、工作经历等人口背景特点恰当选择合适的管理人员，还要经过介入开放交流、决策制定和互相合作，从而整合人口背景特征各异的管理人员，进而强化企业的决策质量和决策效率，规避高管团队异质性所引发的负面影响。高管团队作为企业的决策制定者、实施者，还要注意有效沟通交流机制的培养，使信息的时效性得以保证。通常情况下，高管团队成员对于决策的认同度会随着沟通有效性的增强而提高，决策的制定效率也会继而增快，企业的技术创新效率能够在一定程度上得到提高。

此外，应该根据企业的实际情况将高管团队年龄异质性控制在合理的范围之内。在高管团队异质性较低时，提高异质性水平可以起到集思广益的作用。通过高管团队成员间的交流，企业能够获取新信息、新观点，从而使创新绩效得到提高；同时该阶段团队内部成员间冲突发生的可能性小，产生情感冲突的频率较低。因此，在高管团队异质性较低的情况下，强化异质性水平可以促进创新。而高管团队年龄、教育水平和职能背景异质性对创新效率的正面影响较为稳定。因此，企业应该更加注重将不同年龄、教育水平和职能背景的人才引入高管团队中，实现团队成员之间良好的分工合作。并将高管团队年龄和职能背景异质性程度控制在一定范围内。同时，注意扩大高管团队教育水平异质性，促进不同教育水平的高管之间的合作，促进企业创新效率的提高。

2. 加强内部控制建设，提高内部控制质量

如今，经济飞速发展，对企业经营、管理等的要求日渐提高。企业追求发展的重要路径之一是现代化企业管理，它强调企业提高内部控制水平，优化内部控制环境，建立科学的内部控制体系，使各部门的各项经济活动得到科学的组织、恰当的制约以及合理的调节和考核。内部控制制度的完备能够使企业的现代化管理得到一定的保障。内部控制体系的科学可以使企业员工和企业各部门职责明确，对于制度及各个环节等进行严格要求，能够使企业有序进行各项业务活动、生产效率提高，从而让企业可以进行现代化管理。内部控制建设能够通过降低企业内外部信息不对称水平，缓解融资约束的途径，有效提升企业创新投资水平及其效率，对于完善中国经济发展方式，促进产业结构调整与经济发展稳定发挥着重要作用。

内部控制作为企业重要的风险管控机制，其中针对供销商的具体措施包括通过供应商管理评价，去除质量较差的供销商等，从而能够减少管理多个企业的成本，提升企业绩效；而且根据信号传递理论，良好的内部控制质量能够在市场中显示自身的信用和价值，这会构成各个利益主体持续交易的信号，从而能够引起新的、更多的交易伙伴的加入，增加供销商数量，提升核心企业的议价能力；再者，随着供应链规模的扩大和供应链体系内企业的增多，难免会使整条供应链节点的一致性减弱，为了维护供应链的稳定和持续性，就必然要加强内部控制的建设，侧重产权明晰和控制权规则的治理。而股权集中度高的企业，相对于股权分散的企业，更有利于企业的创新经营和业绩提高。因此，企业可以通过提高股权集中度，构建良好的企业内部治理机制，激励和监督企业经营者创新意识和动力，学习和吸收供应商和客户的异质性资源，促进企业技术创新。所以，良好的内部控制能够有效削弱供应链集中度对企业技术创新的消极影响。

对于企业而言，加强公司治理建设，完善内部控制体系有助于降低创

新投融资约束，提高企业创新动力，是塑造企业竞争能力的有效途径之一。企业应根据自身的文化特点和核心价值观建立内部控制体系，在内部控制运行中形成全员认可、共同遵守的实施细则和问责机制，有效避免内部控制执行过程中出现的个人关系比任务和组织更重要的情况。就高管团队异质性而言，其对内部控制质量的影响方式在制度安排和制度运行中可能是不同的。在安排内部控制制度时，管理团队成员要集思广益，充分考虑各方面的情况，保证制度安排的科学性和合理性，异质性比较明显的管理团队能够带来丰富的信息资料和多维的设计方案，保证和提升内部控制质量。在内部控制运行中，管理团队成员要共同认可既定的制度，不折不扣地加以执行，并协商解决运行过程中遇到的问题，保证制度运行的规范性和有效性，异质性比较明显的管理团队可能会因观察问题的角度不一、分析问题的思维方式不同而各执己见，阻碍制度的正常运行，降低内部控制质量。为了形成内部控制的长效机制，企业可以适当提高女性高管比例和高学历管理人员比例，同时关注年龄异质性对内部控制质量可能产生的消极作用，在配备高管团队成员时适当考虑年龄因素，避免差异过大。在管理体制转轨、产业结构调整的现实环境下，适度的首席执行官集权能够抑制高管团队任期异质性对内部控制质量的负面影响，但CEO必须提高自身素质，依法行使权力，有效整合和利用高管团队的异质性资源，保证和提升内部控制质量。

9.3　研究局限

尽管本书基于多维视角，以内部控制对企业技术创新的影响为切入点，尽可能深入地对宏观信贷配置扭曲下的信贷寻租、中观层面供应链集中度、微观企业高管团队异质性下，内部控制对企业技术创新的影响机理及其经济后果的研究内容作了理论分析和实证研究，但仍可能存在以下研究局限：

1. 研究内容可以进一步拓展。本书基于多维视角，重点考察了宏观层面信贷配置扭曲下的信贷寻租、中观层面的供应链集中度、微观层面的高管团队异质性情境下，内部控制对企业技术创新的影响机理及其经济后果，但对于宏观、中观、微观三个方面的其他因素，如经济政策不确定性、金融发展、营商环境、产品市场竞争、产业政策、高管风险偏好、人力资本配置等，对企业内部控制、技术创新的影响机理及经济后果未进行分析验证，这有待将来的进一步研究。

2. 关于高管团队异质性的度量方面。由于高管团队异质性涵盖内容较多，不仅需要考虑静态人口统计学方面的年龄、任期、学历等异质性，而且需要考虑社会资本、关系网络等动态维度的异质性特征。尽管本书借鉴已有高管团队异质性方面的主要研究成果，结合中国上市公司高管团队异质性实际，对高管团队异质性的动态维度、静态维度的衡量指标进行了筛选，选取静态维度的高管团队年龄异质性、学历异质性、社会关系异质性指标，及动态维度的社会关系异质性指标，并借鉴已有文献度量这些指标的常用方法，对高管团队异质性进行了衡量，但在高管团队异质性变量衡量方面，还可以进一步完善高管团队异质性的度量。

3. 供应链集中度的度量方面。虽然本书在探究供应链集中度、内部控制对企业技术创新的影响机理过程中，选取了供应链集中度的两方面——供应商集中度、客户集中度，分析了其对企业技术创新的影响与路径，并进行了实证检验，但是由于供应链伙伴关系的复杂性与动态性，以及相关数据收集的有限性，使本书无法构造出能够代表供应链整体集中度的其他指标，这使得本书存在一定的不足。

4. 对研究内容进行实证检验的过程中，只控制了企业规模大小、成长性等比较容易进行定量衡量的指标，而对管理者风险意识、企业文化背景、关联方交易等对内部控制运行、企业技术创新有重要影响，但相对来说难以进行衡量的变量未考虑。因此，未来研究中，可以考虑采用实验、问卷调查法等方法，把这些影响内部控制、企业技术创新的因素列入控制变量中，进行更严谨的研究。

9.4　研究展望

针对本书的局限性，结合企业技术创新研究国内外发展趋势，本书认为在未来的研究中，应在以下方面进一步拓展：

1. 细化高管团队异质性的度量。高管团队异质性的度量尚不一致，未来可以将高管团队异质性从静态和动态视角进行细化，尽量多选取相关指标较全面刻画高管团队异质性特征。比如，高管团队性别异质性、任期异质性、教育背景异质性等静态维度的人口统计学特征；高管团队社会关系异质性等动态维度的高管团队异质性。

2. 完善供应链集中度的度量。除了利用上市公司收集到的有关数据构建外，可以采用运营管理学流派的问卷调查，并结合实地调研的方式进行。毕竟企业与供应商、客户伙伴关系的建立与保持对企业是否有利，只有企业自身才有发言权，所以，后续研究可采用案例研究对此问题进一步推进。本书并未涉及企业可辨认的供应商、客户的具体特征对企业的可能影响。在未来研究中，拟手工收集企业可辨认的供应商、客户的具体特征数据来进一步研究他们之间关系的稳定性以及供应商、客户具体特征对企业技术创新的影响。

3. 扩大企业内部控制的研究范围。在未来的研究中，拟将内部控制的度量指标、研究范围进一步扩大，研究内部控制的整体及其不同层次——公司层面的内部控制、财务层面的内部控制，内部控制的五要素——内部环境、风险评估、控制活动、信息与沟通、内部监督，探究其对企业技术创新和企业价值的可能影响。且企业内部控制的运行过程是与法律环境、市场经济发育程度、管理水平、企业文化等因素密切相关的，而对管理水平、企业文化等对内部控制同样有重要影响，但是难以直接观测的指标，在今后的研究中，可以分别设计相应的量表，采用问卷调查法，对这些影响内部控制实施的因素进行分析。

4. 扩充实证检验章节中企业异质性检验内容。在未来的研究中，可以进一步区分企业的其他特质，如不同地域分布、不同股权制衡度等进行企业异质性的实证分析。

参考文献

[1] 鲍群. 金融危机、财务柔性与企业投融资行为——《财务柔性与企业投融资行为》评介 [J]. 江西财经大学学报, 2017 (3): 131-132.

[2] 曾芳. 企业高管团队异质性与企业绩效研究综述 [J]. 经济论坛, 2014 (12): 141-143.

[3] 曾璐璐. 外部融资依赖、金融发展与出口贸易增长 [J]. 西部论坛, 2015 (1): 66-75.

[4] 陈欢欢. 管理层特征对内部控制有效性的影响研究 [D]. 上海: 东华大学, 2015.

[5] 陈立勇, 刘梅, 曾德明, 等. 协作研发网络成员间重复合作对二元式创新的影响——技术能力与环境动态性的调节作用 [J]. 科技管理研究, 2016, 36 (17): 5-11.

[6] 陈林, 朱卫平. 出口退税和创新补贴政策效应研究 [J]. 经济研究, 2008, 43 (11): 74-87.

[7] 陈修德, 梁彤缨. 中国高新技术产业研发效率及其影响因素——基于面板数据 SFPF 模型的实证研究 [J]. 科学学研究, 2010 (8): 1198-1205.

[8] 陈修德, 彭玉莲, 卢春源. 中国上市公司技术创新与企业价值关系的实证研究 [J]. 科学学研究, 2011, 29 (1): 138-146.

[9] 陈忠卫, 常极. 高管团队异质性、集体创新能力与公司绩效关系的实证研究 [J]. 软科学, 2009 (9): 78-83.

[10] 程小可, 杨程程, 姚立杰. 内部控制、银企关联与融资约束——来自中国上市公司的经验证据 [J]. 审计研究, 2013 (5): 80-86.

[11] 崔永丽, 张玲, 王建忠. 供应链集中度对公司行为影响国内研

究综述［J］. 现代商业，2018（20）：96-98.

［12］戴静，张建华．金融错配、所有制结构与技术进步——来自中国工业部门的证据［J］. 中国科技论坛，2013（3）：72-78.

［13］戴魁早，刘友金．市场化进程对创新效率的影响及行业差异——基于中国高技术产业的实证检验［J］. 财经研究，2013，39（5）：4-16.

［14］戴小勇，成力为．财政补贴政策对企业研发投入的门槛效应［J］. 科研管理，2014，35（6）：68-76.

［15］戴智华，彭云峰，马王杰，等．考虑客户参与的新产品开发创新绩效研究［J］. 系统管理学报，2014，23（6）：778-787.

［16］党力，杨瑞龙，杨继东．反腐败与企业创新：基于政治关联的解释［J］. 中国工业经济，2015（7）：146-160.

［17］邓建平，曾勇．金融关联能否缓解民营企业的融资约束［J］. 金融研究，2011（8）：78-92.

［18］邓曦东，张满．高新技术企业 R&D 投入与企业价值——基于投资者信心的中介效应分析［J］. 会计之友，2016，536（8）：47-50.

［19］董卉娜，何芹．机构投资者持股对内部控制缺陷的影响［J］. 山西财经大学学报，2016，38（5）：90-100.

［20］董洁林，李晶．企业技术创新模式的形成及演化——基于华为、思科和朗讯模式的跨案例研究［J］. 科学学与科学技术管理，2013，34（3）：3-12.

［21］杜昱锦．技术创新、公司治理与企业绩效的关系研究：分行业比较［D］. 济南：山东大学，2017.

［22］方红星，陈作华．高质量内部控制能有效应对特质风险和系统风险吗？［J］. 会计研究，2015（4）：70-77.

［23］方红星，金玉娜．高质量内部控制能抑制盈余管理吗？——基于自愿性内部控制鉴证报告的经验研究［J］. 会计研究，2011（8）：53-60+96.

［24］方红星，金玉娜．公司治理、内部控制与非效率投资：理论分析与经验证据［J］. 会计研究，2013（7）：63-69+97.

[25] 冯根福，蒋文定，黄建山．我国上市公司高管持股角色对公司绩效影响的实证分析 [J]．宏观经济研究，2012（4）：54-59.

[26] 傅家骥，施培公．技术积累与企业技术创新 [J]．数量经济技术经济研究，1996，(11)：70-73.

[27] 傅贤治．公司治理泛化与企业竞争力衰退 [J]．管理世界，2006 (4)：154-155.

[28] 盖地，罗斌元．投资项目风险、外部性与投资资本内部定价 [J]．税务与经济，2012（5）：16-22.

[29] 格兰特．现代战略分析 [M]．北京：中国人民大学出版社，2005.

[30] 宫义飞，夏艳春．内部控制质量、研发投入与企业绩效 [J]．会计之友，2017（18）：35-39.

[31] 宫义飞，谢元芳．内部控制缺陷及整改对盈余持续性的影响研究——来自 A 股上市公司的经验证据 [J]．会计研究，2018（5）：75-82.

[32] 苟琴．银行信贷配置真的存在所有制歧视吗？[J]．管理世界，2014，244（01）：16-26.

[33] 郭斌．规模、R&D 与绩效：对我国软件产业的实证分析 [J]．科研管理，2006，27（1）：121-126.

[34] 郭景先，邱玉霞．行业集聚度、研发投入与企业价值 [J]．工业技术经济，2017（2）：16-22.

[35] 韩馥桧．管理层权力、内部控制质量与企业风险承担 [D]．重庆：重庆工商大学，2018.

[36] 韩岚岚，马元驹．内部控制对费用粘性影响机理研究——基于管理者自利行为的中介效应 [J]．经济与管理研究，2017，38（1）：131-144.

[37] 韩立丰，王重鸣，许智文．群体多样性研究的理论述评——基于群体断层理论的反思 [J]．心理科学进展，2010，18（2）：374-384.

[38] 韩美妮，王福胜．信息披露质量、银行关系和技术创新 [J]．管理科学，2017，30（5）：136-146.

[39] 韩庆潇，杨晨，顾智鹏．高管团队异质性对企业创新效率的门槛效应——基于战略性新兴产业上市公司的实证研究 [J]．中国经济问题，

2017，(2)：42-53.

［40］韩少真，潘颖，张晓明．公司治理水平与经营业绩——来自中国 A 股上市公司的经验证据［J］．中国经济问题，2015（1）：50-62.

［41］韩少真，李辉，潘颖．内部控制、制度环境与技术创新［J］．科学管理研究，2015，33（6）：24-27.

［42］韩先锋，董明放．研发投入能促进中国智慧城市企业技术进步吗？［J］．经济问题探索，2017（12）：73-82.

［43］郝静琳．科技型企业高管团队异质性与技术创新关系的实证研究［D］．沈阳：辽宁大学，2016.

［44］郝婷，赵息．研发投入、纯技术效率与企业价值研究——来自中国医药制造业上市公司的经验证据［J］．中国科技论坛，2016，238（2）：60-66.

［45］何丹，汤婷，陈晓涵．制度环境、机构投资者持股与企业社会责任［J］．投资研究，2018，37（2）：122-146.

［46］何乔，温菁．管理创新与技术创新匹配性对企业绩效的影响［J］．华东经济管理，2018，32（7）：128-134.

［47］何威风．高管团队垂直对特征与企业盈余管理行为研究［J］．南开管理评论，2015，18（1）：141-151.

［48］何玉润，林慧婷，王茂林．产品市场竞争、高管激励与企业创新——基于中国上市公司的经验证据［J］．财贸经济，2015，36（2）：125-135.

［49］贺晓宇，秦永．银企关联促进了企业创新吗？——来自科技型上市公司的经验证据［J］．华东经济管理，2018，32（4）：141-148.

［50］贺勇，刘冬荣．融资约束、企业集团内部资金支持与 R&D 投入——来自民营高科技上市公司的经验证据［J］．科学学研究，2011，29（11）：1685-1695.

［51］胡高，葛玉辉．跨文化视角下高管团队冲突对产品创新的影响——以中美为例［J］．科技管理研究，2015，35（15）：10-13+27.

［52］胡晓，王为一，朱艳阳，等．高管团队教育程度异质性对技术

创新能力的影响研究——以湖北省东湖高新技术开发区企业为例［J］. 商业经济，2014（5）：87-89.

［53］黄玖立，李坤望. 吃喝、腐败与企业订单［J］. 经济研究，2013（6）：71-84.

［54］黄莲琴. 内部控制质量与公司研发投资效率研究［J］. 福州大学学报（哲学社会科学版），2016，30（4）：50-57.

［55］黄微平. 横向并购中的供应链重构研究［M］. 北京：科学出版社，2011.

［56］黄新建，曾璐. 货币政策、债务融资与投资效率［J］. 重庆大学学报（社会科学版），2016，22（1）：58-66.

［57］黄政，钟廷勇，刘怡芳. 内部控制质量、信息透明度与股价信息含量［J］. 中南财经政法大学学报，2017（3）：14-23.

［58］吉利，陶存杰. 供应链合作伙伴可以提高企业创新业绩吗？——基于供应商、客户集中度的分析［J］. 中南财经政法大学学报，2019，232（1）：39-47+66+160.

［59］贾小旋. 高层管理团队特征与企业绩效的关系研究——基于CSMAR上市公司的实证分析［D］. 北京：首都经贸大学，2016.

［60］贾义博. 机构投资者持股能提高上市公司内部控制有效性吗？——来自我国上市公司的经验证据［J］. 商业会计，2017（16）：86-89.

［61］江炎骏，许德友. 新型政商关系能够引导民营企业履行社会责任吗？——基于中国城市政商关系排行榜的实证研究［J］. 哈尔滨商业大学学报（社会科学版），2020（1）：66-77.

［62］雷辉，刘鹏. 中小企业高管团队特征对技术创新的影响——基于所有权性质视角［J］. 中南财经政法大学学报，2013（4）：149-156.

［63］雷洋. 信息披露质量对债务融资成本的影响研究［D］. 石家庄：河北经贸大学，2014.

［64］李宝新，岳亮. 公司治理、技术创新和企业绩效的实证研究［J］. 山西财经大学学报，2008，30（3）：90-95.

［65］李勃，和征，李随成. 供应商参与技术创新的效能提升机制研

究——社会资本视角［J］. 科技进步与对策，2018，35（16）：22-28.

［66］李海燕．管理者特质、技术创新与企业价值［J］. 经济问题，2017（6）：91-97.

［67］李万福，林斌，宋璐．内部控制在公司投资中的角色：效率促进还是抑制？［J］. 管理世界，2011（2）：81-99+188.

［68］李维安，戴文涛．公司治理、内部控制、风险管理的关系框架——基于战略管理视角［J］. 审计与经济研究，2013，28（4）：3-12.

［69］李文贵，余明桂．所有权性质、市场化进程与企业风险承担［J］. 中国工业经济，2012（12）：115-127.

［70］李曦明．银企关系对民营上市企业投资效率影响的实证［J］. 统计与决策，2017（1）：186-188.

［71］李晓慧，张明祥，李哲．管理层自利与企业内部控制缺陷模仿披露关系研究——基于制度理论分析［J］. 审计研究，2019（2）：64-72.

［72］李晓龙，冉光和．中国金融抑制、资本扭曲与技术创新效率［J］. 经济科学，2018（2）：60-76.

［73］李兴．产业政策对制造业企业技术创新的影响研究［D］. 重庆：西南大学，2018.

［74］李艳平．供应链集中对企业经营绩效的影响及其路径研究［D］. 武汉：中南财经政法大学，2017.

［75］李扬，张涛．中国地区金融生态环境评价：2008～2009［M］. 北京：中国金融出版社，2009.

［76］李瑛玫．内部控制能够促进企业创新绩效的提高吗？［J］. 科研管理，2019，40（6）：86-99.

［77］李越冬，严青．机构持股、终极产权与内部控制缺陷［J］. 会计研究，2017（5）：83-89.

［78］李正卫，张萍萍，李孝缪，等．高管团队异质性对企业绩效的影响：以我国 IT 产业上市公司为例［J］. 浙江工业大学学报（社会科学版），2011（3）：254-258.

［79］连军．政治联系、市场化进程与权益资本成本——来自中国民

营上市公司的经验证据［J］. 经济与管理研究，2012（2）：32-39.

［80］梁凯丽，郑强国．团队异质性、知识网络对创新绩效的影响机理研究［J］. 人力资源管理，2018（9）：126.

［81］梁青青．高管团队特征、异质性与团队绩效关系的实证研究——以央企 G 集团为例［J］. 科技与经济，2019，32（3）：75-79.

［82］廖雅，樊一阳，席怡．技术创新管理中的信息不对称分析［J］. 科技管理研究，2010，30（24）：4-6+33.

［83］林筠，李随成．供应商参与新产品开发关键影响因素的探索性分析——基于企业智力资本影响的实证研究［J］. 研究与发展管理，2010，22（1）：90-97.

［84］林岩．汽车生产供应链上下游企业间的合作知识创造［J］. 科研管理，2010，31（3）：52-60.

［85］林钟高，张春艳．环境不确定性、客户集中度与企业创新能力——基于创业板公司上市前后主要客户变动的视角［J］. 会计之友，2017（16）：47-53.

［86］林钟高，叶家珠．内部控制监管、内控缺陷及其修复与投资机会——基于内部控制监管制度变迁视角的实证研究［J］. 财贸研究，2018，29（1）：99-110.

［87］刘兵，刘佳鑫，李奕芳．高管团队异质性与企业绩效的关系——管理自主权的调节作用［J］. 科技管理研究，2015，35（11）：147-153.

［88］刘启亮，李敏，陈汉文．内部控制、政府控制与财务报表重述［J］. 财会通讯：综合版，2012，（18）：114-117.

［89］刘忠，李殷．“所有制歧视”VS“规模歧视”：谁对企业全要素生产率的危害更大——基于地区信贷腐败的视角［J］. 当代经济科学，2018，217（3）：45-56.

［90］卢馨，郑阳飞，李建明．融资约束对企业 R&D 投资的影响研究——来自中国高新技术上市公司的经验证据［J］. 会计研究，2013，（5）：51-58.

［91］卢馨．企业人力资本、R&D 与自主创新——基于高新技术上市企业

的经验证据［J］. 暨南学报（哲学社会科学版），2013，35（1）：104-117.

［92］陆静，黄霞. 宏观信贷政策、政治关联和公司资本结构［J］. 山西财经大学学报，2013（3）：72-82.

［93］逯东，朱丽. 市场化程度、战略性新兴产业政策与企业创新［J］. 产业经济研究，2018，(2)：65-77.

［94］罗沛，葛玉辉. 权力分布视角下的高管团队异质性与企业创新绩效［J］. 中国人力资源开发，2018（2）：41-49.

［95］马富萍，郭晓川. 高管团队异质性与技术创新绩效的关系研究——以高管团队行为整合为调节变量［J］. 科学学与科学技术管理，2010，31（12）：186-191.

［96］马光荣，刘明，杨恩艳. 银行授信、信贷紧缩与企业研发［J］. 金融研究，2014，(7)：76-93.

［97］马宁，官建成. 影响我国工业企业技术创新绩效的关键因素［J］. 科学学与科学技术管理，2000，22（1）：90-97.

［98］马文聪，朱桂龙. 供应商和客户参与技术创新对创新绩效的影响［J］. 科研管理，2013，34（2）：19-26.

［99］马影，王满，马勇，等. 监督还是合谋：多个大股东与公司内部控制质量［J］. 财经理论与实践，2019，(2)：83-90.

［100］马志娟，肖雪. 商业银行内部控制与信贷风险的防范［J］. 经济论坛，2006（20）：104-106.

［101］孟庆玺，白俊，施文. 客户集中度与企业技术创新：助力抑或阻碍——基于客户个体特征的研究［J］. 南开管理评论，2018，121（4）：62-73.

［102］娜仁，曹凤娟. 融资约束与企业创新的关系研究：基于股权结构的调节效应［J］. 金融理论与实践，2017（8）：47-52.

［103］南楠，陈程，袁晓星. 媒体报道、风险承担与企业创新——来自中国上市公司的经验证据［J］. 社会科学家，2016（11）：98-101.

［104］潘孟. 管理层权力、产权性质与企业投资效率［D］. 南昌：江西财经大学，2018.

[105] 裴旭东．制造商与供应商合作伙伴关系形成的影响因素研究［J］．西安石油大学学报（社会科学版），2013（5）：32-37.

[106] 郄萌，韩树政．我国企业技术创新行为及影响因素研究［J］．科学管理研究，2013，31（4）：76-79.

[107] 秦娜，曾祥飞．内部控制、融资约束对企业 R&D 投资的影响［J］．统计与决策，2018，34（3）：185-188.

[108] 秦卫平．企业财务内部控制管理创新模式探讨［J］．中国市场，2019（32）：172-173.

[109] 邱茜，徐向艺．上市公司高管团队知识结构特征对技术创新的影响研究［J］．东岳论丛，2011，32（2）：159-163.

[110] 盛朝晖．中国货币政策传导渠道效应分析：1994—2004［J］．金融研究，2006（7）：22-29.

[111] 石璋铭，谢存旭．银行竞争、融资约束与战略性新兴产业技术创新［J］．宏观经济研究，2015（8）：117-126.

[112] 史晓强．银行贷款供给对公司资本结构的影响［D］．长春：吉林大学，2018.

[113] 树成琳．内部控制、内部人交易与信息不对称［J］．当代财经，2016（8）：121-129.

[114] 宋端雅，李金生．领导风格演进、环境动态性与团队创新绩效——从单元到双元视角［J］．企业经济，2018，（5）：95-100.

[115] 宋海林，杨文化．如何通过微调执行适度从紧的货币政策［J］．金融研究，1997（1）：16-19.

[116] 宋华，王岚．企业间关系行为对创新柔性的影响研究［J］．科研管理，2012（3）：3-12+19.

[117] 苏晓华．技术创新过程中技术多元化与企业绩效的关系——基于中国电子信息行业的实证研究［J］．南方经济，2015（12）：40-54.

[118] 孙兰兰，王竹泉．供应链关系、产权性质与营运资金融资结构动态调整——基于不同行业景气度的分析［J］．当代财经，2017（5）：115-125.

［119］孙晓华，王昀，徐冉．金融发展、融资约束缓解与企业研发投资［J］．科研管理，2015（5）：49-56.

［120］孙晓华，郑辉．买方势力、资产专用性与技术创新——基于中国汽车工业的实证检验［J］．管理评论，2011，23（10）：162-170.

［121］单文涛，赵秀云．独立董事治理、供应链关系与股权资本成本［J］．财经论丛（浙江财经大学学报），2018（6）：55-64.

［122］唐双宁．改进金融服务支持国民经济发展［J］．中国金融，1998，（7）：11-13.

［123］陶厚永，章娟，李玲．中小民企创新投资驱动力：政府补贴还是信贷融资——来自深市中小板企业的经验证据［J］．科技进步与对策，2015，32（22）：83-88.

［124］涂晶．基于结构方程模型的商业模式创新、技术创新对新疆中小企业绩效的影响分析［J］．住宅与房地产，2019（30）：27-32.

［125］汪利锬，谭云清．财政补贴、研发投入与企业价值［J］．会计与经济研究，2016，30（4）：68-80.

［126］汪伟，潘孝挺．金融要素扭曲与企业创新活动［J］．统计研究，2015（5）：26-31.

［127］王海鹏．供应链节点企业间的协同库存控制策略［D］．重庆：重庆大学．

［128］王辉，臧日宏，李伟．高管团队异质性，行为整合与企业创新决策［J］．科技与经济，2015（4）：81-85.

［129］王君彩，王淑芳．企业研发投入与业绩的相关性——基于电子信息行业的实证分析［J］．中央财经大学学报，2008（12）：40-54.

［130］王立荣，周德明，王伊，等．供应商、客户集中度对企业绩效的影响——基于高端制造业上市公司的实证研究［J］．南京财经大学学报，2017（1）：81-90.

［131］王利伟．风险资金获取中估值调整机制的案例研究［D］．长春：吉林大学，2011.

［132］王善平，李志军．银行持股、投资效率与公司债务融资［J］.

金融研究，2011（5）：184-193.

[133] 王同律．企业技术创新管理［M］．北京：中国标准出版社，2003.

[134] 王维，刘伟．技术创新、人力资本对企业绩效的影响——基于信息技术行业上市公司的实证分析［J］．经营与管理，2016（8）：116-118.

[135] 王维，章品锋．R&D 投入、CEO 组织权力与高新技术企业价值研究［J］．财会通讯，2015，（10）：76-78.

[136] 王喜刚．组织创新、技术创新能力对企业绩效的影响研究［J］．科研管理，2016（2）：107-115.

[137] 王霄，胡军．社会资本结构与中小企业创新——一项基于结构方程模型的实证研究［J］．管理世界，2005（7）：116-122.

[138] 王小鲁，樊纲，余静文，等．中国分省份市场化指数报告（2016）［M］．北京：社会科学文献出版社，2017.

[139] 王雪苓．当代技术创新的经济分析［D］．成都：西南财经大学，2002.

[140] 王亚萍，冒乔玲．内部控制对 R&D 投入与企业绩效关系的调节效应研究——基于深交所高新技术企业的经验数据［J］．科技管理研究，2017，37（22）：141-148.

[141] 王燕妮，宋婷．高管团队异质性对 R&D 投入与企业绩效调节效应研究［J］．现代财经（天津财经大学学报），2013（9）：109-118.

[142] 王钰．高管团队异质性对高管团队创新注意力的影响研究［D］．深圳：深圳大学，2017.

[143] 王运陈，逯东，宫义飞．企业内部控制提高了 R&D 效率吗？［J］．证券市场导报，2015（1）：39-45.

[144] 王贞洁．信贷歧视、债务融资成本与技术创新投资规模［J］．科研管理，2016，37（10）：9-17.

[145] 王治，毛志忠．地方融资平台扭曲式发展的内在机理——基于微观企业理论视角［J］．地方财政研究，2015（12）：12-22.

[146] 文魁，徐则荣．制度创新理论的生成与发展［J］．当代经济研究，2013（7）：52-56.

［147］吴宁，李靠队，李国栋．内部控制、市场化进程与企业风险承担［J］．商业研究，2015，59（7）：144-149.

［148］吴秋生，郝诗萱．论领导者权力对内部控制有效性的影响［J］．审计与经济研究，2013（5）：34-41.

［149］吴翔．基于制度环境下高管人力资本异质性对企业绩效的影响［J］．财会研究，2019（6）：40-45.

［150］吴岩．基于主成分分析法的科技型中小企业技术创新能力的影响因素研究［J］．科技管理研究，2013，33（14）：108-112.

［151］吴益兵，廖义刚，林波．股权结构对企业内部控制质量的影响分析——基于2007年上市公司内部控制信息数据的检验［J］．当代财经，2009，（9）：110-114.

［152］吴永杰．高管团队异质性、动态能力与企业绩效关系研究［D］．昆明：云南财经大学，2018.

［153］吴舟，夏管军．企业技术创新的影响因素分析［J］．现代经济信息，2013（11）：108-109，125.

［154］肖珉，任春艳，张芬芳．信息不对称、制度约束与投资效率——基于不同产权安排的实证研究［J］．投资研究，2014（1）：24-34.

［155］谢凤华，姚先国，古家军．高层管理团队异质性与企业技术创新绩效关系的实证研究［J］．科研管理，2008（6）：65-73.

［156］谢家智，刘思亚，李后建．政治关联、融资约束与企业研发投入［J］．财经研究，2014，40（8）：81-93.

［157］谢敏明．基于元分析的高管团队异质性与产品创新绩效关系研究［J］．现代物业，2011，10（11）：151-155.

［158］谢众，孔令翔．高管过度自信、内部控制与投资效率——基于中国A股上市公司数据的经验证据［J］．工业技术经济，2018，297（7）：61-68.

［159］邢维全，宋常．管理者过度自信、内部控制质量与会计稳健性——来自中国A股上市公司的经验证据［J］．华东经济管理，2015，29（10）：35-43.

［160］徐飞．银行信贷与企业创新困境［J］．中国工业经济，2019，(1)：119-136.

［161］徐虹，李亭，林钟高．关系投资、内部控制与企业财务杠杆水平——基于关系契约与规则契约理论的经验证据［J］．中南财经政法大学学报，2014（3）：106-114.

［162］徐宁，王帅．高管激励与技术创新关系研究前沿探析与未来展望［J］．外国经济与管理，2013，35（6）：23-32.

［163］徐英吉，徐向艺．技术创新和制度创新的组合对企业持续成长的影响——基于熵理论和耗散结构理论的视角［J］．财经科学，2007（9）：82-89.

［164］许江波，蒋晓浩．供应链集中度、内部控制有效性与上市公司绩效［J］．首都经济贸易大学学报，2018，20（4）：87-93.

［165］许萍，陈格．高管团队异质性、公司业绩与董事长辞职——基于新三板数据的实证研究［J］．当代会计评论，2018，11（4）：76-99.

［166］许瑜，冯均科，李若昕．CEO激励、媒体关注与内部控制有效性的关系研究［J］．审计与经济研究，2017，32（2）：35-45.

［167］薛春志．日本产业技术创新联盟的运行特点及效果分析［J］．现代日本经济，2010（4）：48-52.

［168］解陆一．银行贷款对公司投资效率的影响［J］．投资研究，2013，32（12）：3-16.

［169］解维敏，唐清泉．高管持股与企业创新——来自中国上市公司的经验证据［J］．现代管理科学，2013（3）：6-8.

［170］杨超，宋迪，谢志华．高管层自利与业绩承诺协议——基于中国上市公司的经验证据［J］．中国会计评论，2019，17（4）：559-604.

［171］杨丹，万丽梅，侯贝贝．内部控制信息透明度与股权代理成本——基于A股主板制造业上市公司的经验证据［J］．投资研究，2013，32（3）：98-113.

［172］杨德明，冯晓．银行贷款、债务期限与上市公司内部控制［J］．山西财经大学学报，2011，33（8）：44-50.

[173] 杨丰来，黄永航．企业治理结构、信息不对称与中小企业融资［J］．金融研究，2006（5）：159-166.

[174] 杨凯淇，卿松．风险投资对中小企业创新绩效的影响——以内部控制为路径［J］．财会月刊（会计版），2019（20）：168-176.

[175] 杨林．高管团队异质性，企业所有制与创业战略导向——基于中国中小企业板上市公司的经验证据［J］．科学学与科学技术管理，2013（9）：159-171.

[176] 杨林．内部控制对企业研发效率的影响分析［J］．中国商论，2017（20）：102-103.

[177] 杨楠．资本结构、技术创新与企业绩效——基于中国上市公司的实证分析［J］．北京社会科学，2015（7）：113-120.

[178] 杨清香，廖甜甜．内部控制、技术创新与价值创造能力的关系研究［J］．管理学报，2017（8）：1190-1198.

[179] 杨瑞平，梁张颖．高管团队背景特征对内部控制影响研究——来自房地产上市公司的证据［J］．经济问题，2016（9）：102-106.

[180] 杨治，傅一凡，陈兵．高科技公司高管团队专业异质性与探索式创新［J］．科研管理，2017，38（10）：31-39.

[181] 易奉菊，黄志忠，谢军．企业融资约束的外部环境因素分析——基于宏观经济和政府调控的视角［J］．当代会计评论，2013（2）：46-58.

[182] 于浩洋，王满，黄波．内部控制质量、供应商关系与成本粘性［J］．管理科学，2017（3）：122-135.

[183] 余明桂，郝博，张江涛．金融市场化、融资约束和民营企业创新［J］．珞珈管理评论，2015（1）：122-137.

[184] 余明桂，李文贵，潘红波．管理者过度自信与企业风险承担［J］．金融研究，2013（1）：149-163.

[185] 余瑞娟．内部控制能否降低企业风险承担［D］．北京：北京交通大学，2016.

[186] 喻坤，李治国，张晓蓉，等．企业投资效率之谜：融资约束假说与货币政策冲击［J］．经济研究，2014，49（5）：106-120.

[187] 袁建国，程晨，后青松．环境不确定性与企业技术创新——基于中国上市公司的实证研究［J］．管理评论，2015，27（10）：60-69.

[188] 张峰，黄玖立，王睿．政府管制、非正规部门与企业创新：来自制造业的实证依据［J］．管理世界，2016，（2）：95-111.

[189] 张国清，赵景文，田五星．内控质量与公司绩效：基于内部代理和信号传递理论的视角［J］．世界经济，2015（1）：126-153.

[190] 张洪石，卢显文．突破性创新和渐进性创新辨析［J］．科技进步与对策，2005（2）：164-166.

[191] 张杰，芦哲．知识产权保护、研发投入与企业利润［J］．中国人民大学学报，2012（5）：88-98.

[192] 张瑾华，何轩，李新春．银行融资依赖与民营企业创新能力——基于中国企业家调查系统数据的实证研究［J］．管理评论，2016，28（4）：98-108.

[193] 张娟．担保公司基于风险管理的内部控制机制创新［J］．财经界（学术版），2016，397（4）：121.

[194] 张先治，刘坤鹏，李庆华．战略偏离度、内部控制质量与财务报告可比性［J］．审计与经济研究，2018，33（6）：39-51.

[195] 张晓红，朱明侠，王皓．内部控制、制度环境与企业创新［J］．中国流通经济，2017（5）：124-133.

[196] 张新悦，李晓琴，范瑞春．简论新凯恩斯主义的信贷配给理论及其对中国信贷市场的启示［J］．河北北方学院学报（社会科学版），2015，（2）：53-55+77.

[197] 张璇，刘贝贝，汪婷，等．信贷寻租、融资约束与企业创新［J］．经济研究，2017（5）：163-176.

[198] 张正，孟庆春．技术创新、网络效应对供应链价值创造影响研究［J］．软科学，2017，31（12）：10-15.

[199] 赵文红，薛朝阳．创业团队异质性、认知合法性与资源获取关系研究［J］．管理学报，2017，14（4）：537-544.

[200] 赵息，李文亮．知识特征与突破性创新的关系研究——基于企业

社会资本异质性的调节作用［J］. 科学学研究，2016，34（1）：99-106.

［201］赵小刚．内部控制影响投资效率的路径研究——基于双重代理关系视角［J］. 财会通讯，2018，790（26）：8-12.

［202］赵莹，刘西国，刘晓慧．内部控制影响企业创新投入吗？——基于管理者自利行为视角［J］. 上海商学院学报，2018，19（6）：13-18.

［203］赵勇，林辉．大数据革命［M］. 北京：电子工业出版社，2014.

［204］钟凯，吕洁，程小可．内部控制建设与企业创新投资：促进还是抑制？——中国“萨班斯”法案的经济后果［J］. 证券市场导报，2016（9）：30-38.

［205］仲伟俊，梅姝娥，谢园园．产学研合作技术创新模式分析［J］. 中国软科学，2009（8）：174-181.

［206］周美华，林斌，林东杰．管理层权力、内部控制与腐败治理［J］. 会计研究，2016（3）：56-63.

［207］周胜强．论信贷政策的目标及其衡量标准［J］. 上海金融，2012（11）：53-57.

［208］朱晋伟，彭瑾瑾，刘靖．高层管理团队特征对企业技术创新投入影响的研究——激励的调节效应［J］. 科学决策，2014（8）：17-33.

［209］朱乃平，朱丽，孔玉生，等．技术创新投入、社会责任承担对财务绩效的协同影响研究［J］. 会计研究，2014（2）：57-63.

［210］朱霞，朱永跃．基于小波神经网络的企业技术创新能力评价［J］. 统计与决策，2012（1）：172-174.

［211］朱永明，孙旖旎．内部控制、公司治理与企业绩效——基于A股上市公司的经验数据［J］. 财会通讯（下），2017（24）：31-34.

［212］朱永明，李雪．制度环境、内部控制与技术创新［J］. 财会通讯，2018（33）：71-76.

［213］祝爱民，徐晓惠，于丽娟．高管团队异质性对企业绩效的影响——基于不同生命周期阶段企业的研究［J］. 沈阳工业大学学报（社会科学版），2016，9（1）：78-84.

［214］庄伯超，余世清，张红．供应链集中度、资金营运和经营绩

效——基于中国制造业上市公司的实证研究［J］. 软科学，2015，29（3）：9-14.

［215］庄火木. 内部控制与企业价值相关关系的实证研究［J］. 交通财会，2016（12）：10-15.

［216］AGARWAL R, ELSTON J A. Bank-firm relationships, financing and firm performance in Germany［J］. Economics Letters, 2001, 72（2）：225-232.

［217］AKMAN G, YILMAZ C. Innovative capability, innovation strategy and market orientation：an empirical analysis in Turkish software industry［J］. International Journal of Innovation Management, 2008, 12（1）：69-111.

［218］BAILEY W B, HUANG W, YANG Z. Bank loans with Chinese characteristics［J］. SSRN Electronic Journal, 2007（2）：107-111.

［219］BARTOLONI E. Capital structure and innovation：causality and determinants［J］. Empirica, 2013, 40（1）：111-151.

［220］BERGEMANN D, VALIMAKI J. Dynamic common agency［J］. Journal of Economic Theory, 2003, 111（1）：23-48.

［221］BERNANKE BEN S, GERTLER MARK. Inside the black box：the credit channel of monetary policy transmission［J］. Journal of Economic Perspectives, 1995, 9（4）：27-48.

［222］BRONSON S N, CARCELLO J V, RAGHUNANDAN K. Firm characteristics and voluntary management reports on internal control［J］. Auditing A Journal of Practice & Theory, 2006, 25（2）：25-39.

［223］BROWN J R, MARTINSSON G, PETERSEN B C. Do financing constraints matter for R&D?［J］. Social Science Electronic Publishing, 2012, 56（8）：1512-1529.

［224］BROWN, STEPHEN. When innovation met renovation：back to the future of branding［J］. Marketing Intelligence & Planning, 2015, 33（5）：634-655.

［225］CHESBROUGH H W. Open Innovation：The new imperative for creating and profiting from technology［M］. Harvard Business Review. 2003, 16（5）：224-234.

[226] CHRISTENSEN, CLAYTON M. The innovator's dilemma: when new technologies cause great firms to fail [J]. University of Illinois at Urbana-Champaign's Academy for Entrepreneurial Leadership Historical Research Reference in Entrepreneurship, 1997: 1-69.

[227] CROSSAN M M, APAYDIN M. A multimensional framework of organizational innovation: a systematic review of the literature [J]. Journal of Management Studies, 2010, 47 (1): 75-82.

[228] CUERVO-CAZURRA A, C. ANNIQUE U N. Why some firms never invest in formal R&D [J]. Strategic Management Journal, 2010, 31 (7): 759-779.

[229] DE MEZA, DAVID, WEBB, DAVID C. The near impossibility of credit rationing [C]. Financial Markets Group, 2003, 12 (1): 45-71.

[230] DEREK, BOSWORTH, MARK, ET AL. Market value, R&D and intellectual property: an empirical analysis of large Australian firms [J]. Economic Record, 2001, 77 (239): 323-337.

[231] DIERICKX I, COOL K. Asset stock accumulation and sustainability of competitive advantage [J]. Management Science, 1989, 35 (12): 1504-1511.

[232] GIANMARIO, VERONA. A resource-based view of product development [J]. Academy of Management Review, 1999, 24 (1): 132-133.

[233] GIOVANNINI A, MAYER C. European financial integration. [M]. cambridge: cambridge university press. 1992, 12 (1): 645-647.

[266] CHARLES C. POIRIER, STEPHENE. REITER. Supply chain optimization: building the strongest total business network, (1996). san francisco: berrett-koehler. [J]. Human Resource Development Quarterly, 1998, 9 (3): 312-314.

[234] HALL B H, LERNER J. The financing of R&D and innovation [J]. Social Science Electronic Publishing, 2010: 1-39.

[235] HALL B H, GTHOMA S. The market value of patents and R&D: evidence from euopean firms [J]. Academy of Management Proceedings, 2007 (1): 1-6.

[236] HAMBRICK D C, HUMPHREY S E, GUPTA A. Structural interdependence within top management teams: a key moderator of upper echelons predictions [J]. Strategic Management Journal, 2015, 36 (3): 449-461.

[237] HAMBRICK D C, MASON P A. Upper echelons: the organization as a reflection of its top managers [J]. Academy of Management Review, 1984, 9 (2): 193-206.

[238] HARRISON T P, LEE H L, NEALE JJ. The practice of supply chain management: where theory and application converge, [M]. Springer, Boston, 2004.

[239] HAUNSCHILD B P R. Network learning: the effects of partners' heterogeneity of experience on corporate acquisitions [J]. Administrative Science Quarterly, 2002, 47 (1): 92-124.

[240] HENRY CHESBROUGH. The future of open innovation [J]. R&D Management, 2010, 40 (1): 35-38.

[241] HIRSHLEIFER D, HOU K, TEOH S H. The accrual anomaly: risk or mispricing [J]. Management Science, 2012, 58 (2): 320-335.

[242] HOLLIS ASHBAUGH-SKAIFE, DANIEL W. COLLINS, WILLIAM R. KINNEY JR, et al. The effect of Sox internal control deficiencies on firm risk and cost of equity [J]. Journal of Accounting Research, 2009, 12 (2): 102-114.

[243] JAMES P WOMACK, DANIEL T JONES, DANIEL ROOS. The machine that changed the world [M]. Rawson Associates, 1990.

[244] JAY BARNEY. Firm resources and sustained competitive advantage [J]. Journal of Management, 1991, 23 (14): 156-160.

[245] JEAN BOIVIN, MICHAEL TKILEY, FREDERIC S. Mishkin. chapter 8 -how has the monetary transmission mechanism evolved over time? [M]. Handbook of Monetary Economics. Elsevier B. V. 2010.

[246] KHALIL F, MARTIMORT D, PARIGI B. Monitoring a common agent: implications for financial contracting [J]. ID Working Papers, 2004, 135 (1): 35-67.

[247] KLIEM C, MERLING A, GIAISI M, et al. Curcumin suppresses T cell activation by blocking Ca2+ mobilization and nuclear factor of activated T cells (nfat) activation [J]. Journal of Biological Chemistry, 2012, 287 (13): 10200-10209.

[248] KOVACS, TUNDE, VENKATESWARAN, et al. Do better-connected CEOs innovate more? [J]. Journal of Financial & Quantitative Analysis Jfqa, 2014, 49 (5-6): 1201-1225.

[249] LEONCE, L, BARGERON, et al. Sarbanes-Oxley and corporate risk-taking [J]. Journal of Accounting & Economics, 2010, 49 (1-2): 34-52.

[250] MING XU, CHU ZHANG. The explanatory power of R&D for the cross-section of stock returns: japan 1985-2000 [J]. Pacific-Basin Finance Journal, 2004, 12 (3): 245-269.

[251] OSWALD D R, ZAROWIN P. Capitalization of R&D and the informativeness of stock prices [J]. European Accounting Review, 2007, 16 (4): 703-726.

[252] PHILIPP, KOELLINGER. The relationship between technology, innovation, and firm performance—empirical evidence from e-business in europe [J]. Research Policy, 2008, 37 (8): 1317-1328.

[253] PHILIPPE AGHION, PHILIPPE ASKENAZY, NICOLAS BERMAN et al. Credit constraints and the cyclicality of r&d investment: evidence from France [J]. Journal of the European Economic Association, 2012, 10 (5): 1001-1024.

[254] RAJAN P R G. The benefits of lending relationships: evidence from small business data [J]. Journal of Finance, 1994, 49 (1): 3-37.

[255] RASMUSEN E B. Moral hazard in risk-averse teams [J]. Rand Journal of Economics, 1987, 18 (3): 428-435.

[256] RIBSTEIN, LARRY E. Market vs. regulatory responses to corporate fraud: a critique of the Sarbanes-Oxley Act of 2002 [J]. Journal of Corporation Law, 2002, 37 (15): 678-681.

[257] RODAN S, GALUNIC C. More than network structure: how knowledge heterogeneity influences managerial performance and innovativeness [J]. Strategic Management Journal, 2004, 25 (6): 541-562.

[258] ROSENBERG, NATHAN. Studies on science and the innovation process (selected works of Nathan Rosenberg) [J]. Economic Development and the Transfer of Technology: Some Historical Perspectives, 2009: 71-96.

[259] SHAKEEL-UL-REHMAN, VELSAMY, A. Mystery shopping-the miracle tool in business research [J]. International Journal of Research in Commerce It & Management, 2014 (3): 224-231.

[260] SHANE S. DIKOLLI, SUSAN L. KULP, KAREN L. Sedatole. Transient institutional ownership and CEO contracting [J]. Accounting review, 2009, 17 (2): 142-153.

[261] SHANK J K, GOVINDARAJAN V. Strategic cost management: the value chain perspective [J]. Journal of Management Accounting Research, 1992 (4): 179-197.

[262] SRIVASTAVA A, LEE H. Predicting order and timing of new product moves: the role of top management in corporate entrepreneurship [J]. Journal of Business Venturing, 2005, 20 (4): 459-481.

[263] SYDNEY FINKELSTEIN, DONALD C. HAMBRICK. Chief executive compensation: a study in the intersection of markets and political processes. strategic management journal [J]. Strategic Management Journal, 1989, 10 (2): 121-134.

[264] TERESA DUARTE ATOCHE, JOSÉÁNGEL PÉREZ LÓPEZ, JOSE ANTONIO CAM ÚÑEZ RUIZ. The value-relevance of the R&D expenditures. an empirical study on the automotive industry [J]. Revista de Contabilidad - Spanish Accounting Review, 2009, 16 (12): 257-286.

[265] TOR, JAKOB, KLETTE, et al. Empirical patterns of firm growth and R&D investment: a quality ladder model interpretation [J]. Economic Journal, 2000, 10 (14): 157-184.

[267] VANESSA SUÁREZ-PORTO, MANUEL GUISADO-GONZÁLEZ. Analysis of the determinants of exporting intensity in the field of innovation [J]. Investigaciones Europeas de Dirección y Economía de la Empresa, 2014, 31 (2): 144-161.

[268] WEISS S A. Credit rationing in markets with imperfect information [J]. American Economic Review, 1981, 71 (3): 393-410.

[269] WIERSEMA M F, BANTEL K A. top management team demography and corporate strategic change [J]. Academy of Management Journal, 1992, 35 (1): 91-121.

[270] YAM R, GUAN J, PUN K, et al. An audit of technological innovation capabilities in chinese firms: some empirical findings in Beijing, China [J]. Research Policy, 2004, 33 (8): 1123-1140.

[271] ZHEN D, BARUCH L, FRANCIS N. Science and technology as predictors of stock performance [J]. Financial Analysts Journal, 1999, 55 (3): 20-32.

重要术语索引表

B

不完全契约理论 …………………… 020

C

产权性质 ………………………… 044

创新理论 ………………………… 002

D

多维视角 ………………………… 003

F

非效率投资 ……………………… 069

G

高管团队 ………………………… 002

高管团队异质性 ………………… 002

高层梯队理论 …………………… 020

供应链 …………………………… 002

供应链关系 ……………………… 006

供应链集中度 …………………… 002

供应商集中度 …………………… 006

国有企业 ………………………… 001

H

宏观层面 ………………………… 003

J

经济后果 ………………………… 003

结构方程模型 …………………… 019

技术创新 ………………………… 001

机构投资者持股 ………………… 099

K

客户集中度 ……………………… 006

M

描述性统计 ……………………… 076

民营企业 ………………………… 002

N

内部控制 ………………………… 003

内部控制缺陷 …………………… 068

内部控制缺陷整改 ……………… 083

P

Pearson 相关系数 ……………… 077

Q

企业价值 ………………………… 004

R

融资约束 …………………………… 005

S

生命周期 …………………………… 006
市场化改革 ………………………… 005
市场化进程 ………………………… 025
市场反应 …………………………… 004
塑造效应 …………………………… 024

T

调节作用 …………………………… 019

W

Winsorize 缩尾处理 ……………… 073
外部融资依赖度 ………………… 005
微观层面 …………………………… 003
委托代理理论 …………………… 020
稳健性检验 ………………………… 080

X

信贷政策 …………………………… 003
信贷配置 …………………………… 003
信贷寻租 …………………………… 002
信贷配给理论 …………………… 020
信息不对称 ………………………… 004
信息不对称理论 ………………… 022

Y

样本观测值 ………………………… 073
异质性 ……………………………… 002
影响机理 …………………………… 003
影响因素 …………………………… 004
银企关联 …………………………… 024

Z

资源基础理论 …………………… 020
中观层面 …………………………… 003